Summer of the Fawn

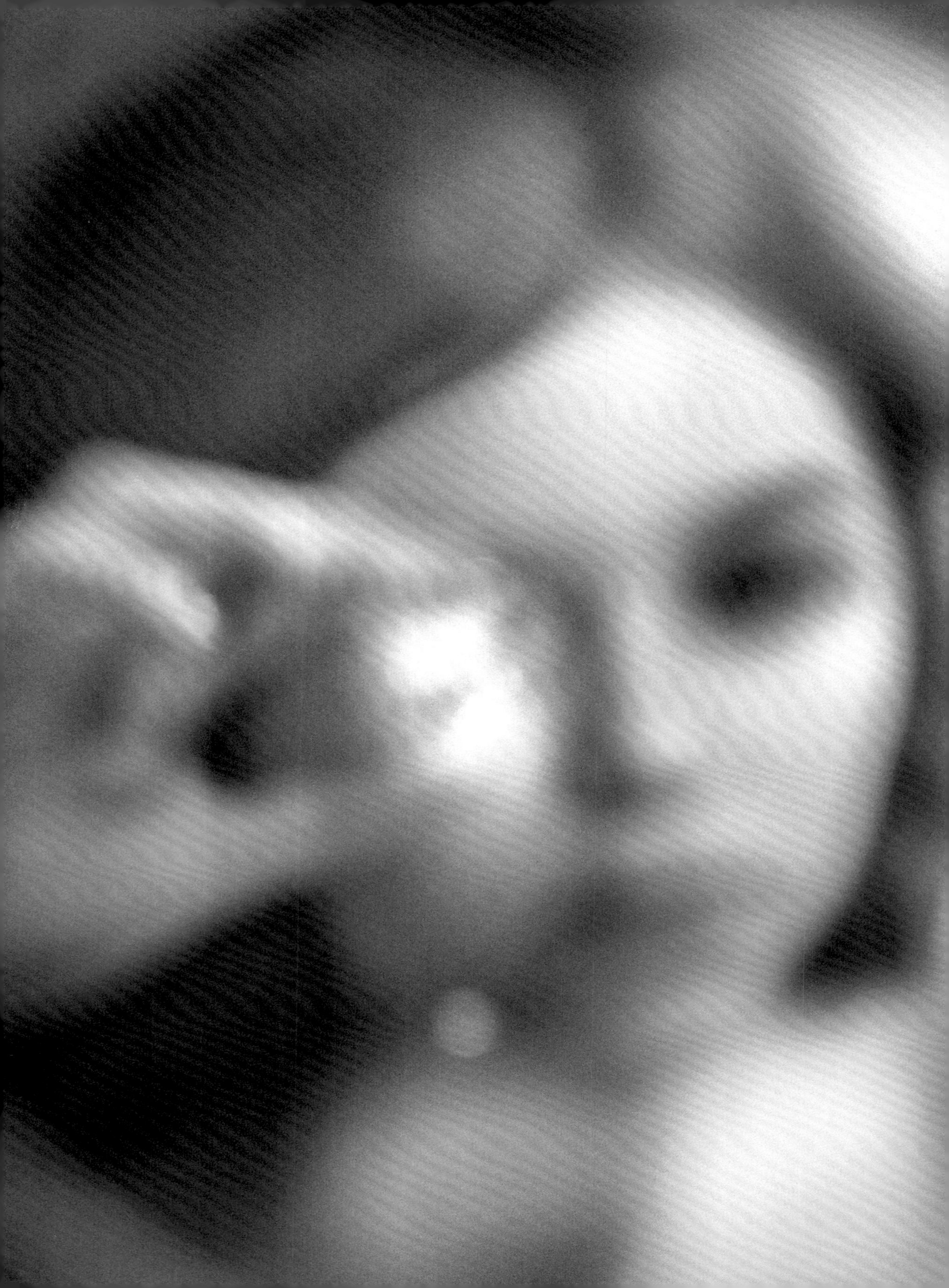

Alain Laboile

Summer of the Fawn

KEHRER

Son œil

La première fois que j'ai vu les images d'Alain Laboile, j'ai eu la sensation de regarder un film. Elles m'ont envahie, j'ai été obsédée par elles, j'y repensais sans cesse, je ne pouvais pas m'en défaire.
J'ai d'abord admiré leur beauté.
Ensuite, la technique, pour finalement ne plus y penser du tout.
Après, je n'ai pensé qu'à l'amour, l'humour, quelque chose de féerique, d'irréel parfois, et surtout, j'ai pensé à la liberté, celle de ses sujets. Ce sont ses enfants, sa famille, son lieu de vie, sa liberté à lui. J'ai pensé à sa force aussi, celle qu'il a eue, avec Anne, sa femme, de choisir cette vie, une vie différente, un peu à côté, un peu éloignée, ne pas se laisser faire, imaginer un autre chemin, d'autres possibilités.
Alain Laboile est autodidacte, et pourtant, sa technique est évidente, c'est le fait d'apprendre seul qui a dû, j'imagine, le pousser à s'appliquer.
Je le compare aux acteurs, qui pour être hyper à l'aise avec leur texte, le connaissent sur le bout des doigts et se permettent alors d'improviser et de jouer avec un naturel déconcertant. Eh bien Alain Laboile a appris en se documentant, en demandant conseil, et une fois qu'il a eu maîtrisé ce savoir-faire, il a pu se laisser aller à ce qui l'intéresse au plus haut point, son sujet, sa famille, son nid.
Jour après jour, il s'est sculpté une nouvelle vie, sa vie de photographe.
Alain Laboile est artiste, photographe, sculpteur, artisan, mais aussi sociologue, anthropologue. En le photographiant chaque jour, il étudie un groupe, le sien.
En observant ses clichés, on remarque la générosité avec laquelle il regarde.
Ses sujets sont beaux, mais c'est aussi parce que le regard qu'il porte sur eux est fort et aimant.
Puis, si l'on regarde une à une ses photos, on voit un enfant, un bébé, une mère ou un adolescent, mais très rapidement c'est le sujet dans son contexte qui nous touche, et l'on découvre sans cesse de nouveaux détails, la nature, un monstre de fer, une ombre, un voilage, de l'eau, la lumière, et c'est un monde qui s'ouvre à nous, un univers entier qu'il nous donne à découvrir. J'observe maintenant son travail comme un tout, je découvre un art de vivre.
Le fait qu'Alain Laboile se concentre sur son lieu de vie et sa famille nous emmène à réfléchir à tout ce qui existe autour et que l'on ne voit pas, ce qui est en dehors de son champ de vision. Sans nous le montrer, il nous pousse à y penser et c'est alors égoïstement que, lorsque l'on regarde son travail dans son ensemble, on ne peut que méditer sur notre propre façon de vivre.

En photographiant son quotidien, c'est le mien, le vôtre dont il parle.
Je crois qu'il faut être très fort pour prendre la décision de vivre autrement. Et pour se sentir fort, il faut s'aimer. C'est l'amour, l'envie d'être ensemble vraiment, qui a emmené ce clan ailleurs, et les photos d'Alain Laboile révèlent peu à peu cet amour.

His Eye

The first time I saw Alain Laboile's images, I had the feeling that I was watching a film. They possessed me, I was obsessed by them, I couldn't stop thinking about them, I couldn't shake them off.

First of all, I was struck by their beauty.

Then by their quietly impressive technique.

After that, I thought only of love, humour, something enchanted, sometimes unreal, and most of all I thought of freedom, the freedom that his protagonists have. These are his children, his family, his living space, his own freedom.

I also thought of his strength, the strength that he and his wife, Anne, showed in choosing this life, a different life: somewhat on the outside, somewhat distant. Not to go with the flow; to imagine another path, other possibilities.

Alain Laboile is self-taught, and yet his technique is evident. I imagine that it is the fact that he learned on his own that compelled him to apply himself so diligently.

I compare him to an actor, who, in order to be extremely at ease with his script, knows it like the back of his hand, and can thus improvise and act with unnerving naturalness. Well indeed, Alain Laboile learned by gathering material, by asking for advice, and once he had acquired this expertise, he was able to turn to what interested him more than anything else: his protagonists, his family, his nest.

Day after day, he sculpted a new life for himself: his life as a photographer.

Alain Laboile is an artist, photographer, sculptor, artisan, but also a sociologist, an anthropologist. There is a group that he studies as he photographs it every day: his own.

When looking at his photos, we note the generosity of his gaze. His protagonists are beautiful, but that's also because the way he looks at them is strong and loving.

Then, when we look at his photos one by one, we see a child, a baby, a mother or a teenager, but very quickly it is the protagonists in their context that move us, and we constantly discover new details: nature, an iron monster, a shadow, a veil, water, light, and a world opens up to us, an entire universe that he gives us to discover. I now look at his work as a whole, I discover a way of living.

The fact that Alain Laboile concentrates on his living space and his family leads us to reflect on everything that exists around us and that we don't see, that which is beyond our field of vision. Without showing it to us, he compels us to think about it, so that when we look at his work as a whole, we are self-centred, we can't avoid reflecting on our own way of living.

When photographing his everyday life, it's mine, it's yours, that he's talking about.

I think you have to be really strong to make the decision to live differently.

And to find that strength, you have to love one another. It is love, the desire to be

En dévoilant ses choix, c'est en face des miens qu'il me place. Je suis obligée de parler un peu de moi pour parler mieux de son œuvre. Sans le vouloir peut-être, il fait que je suis au plus près de ma vie, du quotidien que j'ai décidé d'offrir à mon enfant, en regrettant parfois tout ce que je n'ai pas privilégié et cette façon de me sentir prisonnière de règles que je me suis fixées. Alain Laboile ne donne aucune leçon, ne prétend pas savoir, c'est le fait de montrer simplement, d'être témoin de ce qu'il voit sans rien expliquer, qui fait que nous réfléchissons à ce que nous-mêmes vivons.
Sa femme et lui doivent, évidemment eux aussi, avoir la sensation d'être parfois passés à côté de quelque chose d'important en allant vers cette vie particulière. Les photos que nous voyons dans ce livre sont le témoignage du chemin qu'ils ont pris pour aller vers la liberté de ne pas faire comme on nous dit, ne pas apprendre, ne pas construire comme tout le monde. C'est leur journal intime. J'ai le sentiment que leur façon de vivre ensemble est riche et vivante, que leurs enfants s'en souviendront toute leur vie, que dans chacun de leur choix, plus tard, cette liberté qu'ils auront connue grâce à Alain et Anne sera présente en eux, sera leur force.
Malgré ces décisions diamétralement opposées, nous avons finalement des choses en commun, nous avons bien sûr vécu des moments heureux ou malheureux.
Les enfants grandissent, certains partent, tentent quelque chose de leur côté, c'est ce que nous avons toujours souhaité pour eux, qu'ils soient libres et autonomes, mais il faut malgré tout que nous nous adaptions à leurs départs, leurs nouvelles envies, leurs nouvelles vies, celles qu'à leur tour ils nous imposent.
Chez moi, comme pour la plupart d'entre nous, c'est la fac, Erasmus, le métro, les stages, les horaires, un quotidien très organisé.
Chez Alain Laboile il n'y a pas de réveil, je parle de l'objet, donc pas de réveil, je parle du moment matinal, chacun a son rythme et on le respecte.
Les enfants font école à la maison, donc, chacun a son rythme et on le respecte !
On joue, on invente, on imagine, on est dehors, pas forcément habillé, on vit en harmonie avec la nature, les animaux, les saisons. Dès que l'on peut, on part découvrir d'autres parties du monde. On apprend ailleurs, des autres.
Pour nous raconter tout cela, Alain Laboile n'a pas utilisé les mots, ils seraient sûrement trop restrictifs. Son œil est son stylo, ses images sont ses mots.
Il nous montre et nous laisse avec notre vocabulaire, chacun le sien, afin de traduire ce que tous voient.
En parlant de lui, il parle de moi, de vous, de nous tous.
Son œil est généreux, il nous offre des moments magnifiques. Alain Laboile a transformé son quotidien, sa vie, en art.

Laurence Kiberlain
Paris, juillet 2018

truly together, that led this clan to live away from it all, and little by little Alain Laboile's photos reveal that love.

By laying bare his choices, he brings me face-to-face with my own. I have to say a little about myself to adequately speak about his work. Perhaps unintentionally, he brings me closer to my own life, to the everyday life that I decided to give to my child, while sometimes regretting all that I did not prioritise and this feeling of being trapped by rules that I've set myself. Alain Laboile teaches no lessons, doesn't pretend to know best; it is the act of simply showing, of being a witness to what he sees without any explanation, that causes us to reflect on how we ourselves live.

Obviously, he and his wife must also sometimes have the feeling that they missed out on something important by turning towards this particular way of life.

The photos that we see in this book are a testimony to the path that they took towards the freedom of not following the prescribed route, of not learning, of not building like everyone else. It is their private diary. I have the feeling that their way of living together is rich and vibrant, that their children will remember it for the rest of their lives, that later on, when they make each of their choices, this freedom that they will have known thanks to Alain and Anne will be present in them, will be their strength.

In spite of these diametrically opposed decisions, in the end we have things in common, we have of course lived happy or unhappy moments.

Children grow up; some leave, attempting something on their own: it's what we always wanted for them, that they should be free and independent, but we still need to adapt to their leaving, to their new desires, to their new lives, which they in turn impose on us.

For me, as for many of us, it is university, Erasmus, the metro, internships, schedules, a very organised day.

At Alain Laboile's home, there's no alarm clock. There's a morning moment of waking, though: each at his or her own pace, no hurry.

The children are home-schooled, so each at his or her own pace, no hurry!

They play, they invent, they imagine, they are outside, not always dressed: they live in harmony with nature, animals, seasons. As soon as they can, they leave to explore other parts of the world. They learn elsewhere, from others.

To tell us all this, Alain Laboile does not use words; words would surely be too restrictive. His eye is his pen, his images are his words.

He shows us and then leaves us to find the right words, each of us our own, so that we can translate what everyone sees.

When speaking of himself, he speaks of me, of you, of all of us.

His eye is generous, he gives us magnificent moments. Alain Laboile has transformed his everyday, his life, into art.

Laurence Kiberlain
Paris, July 2018

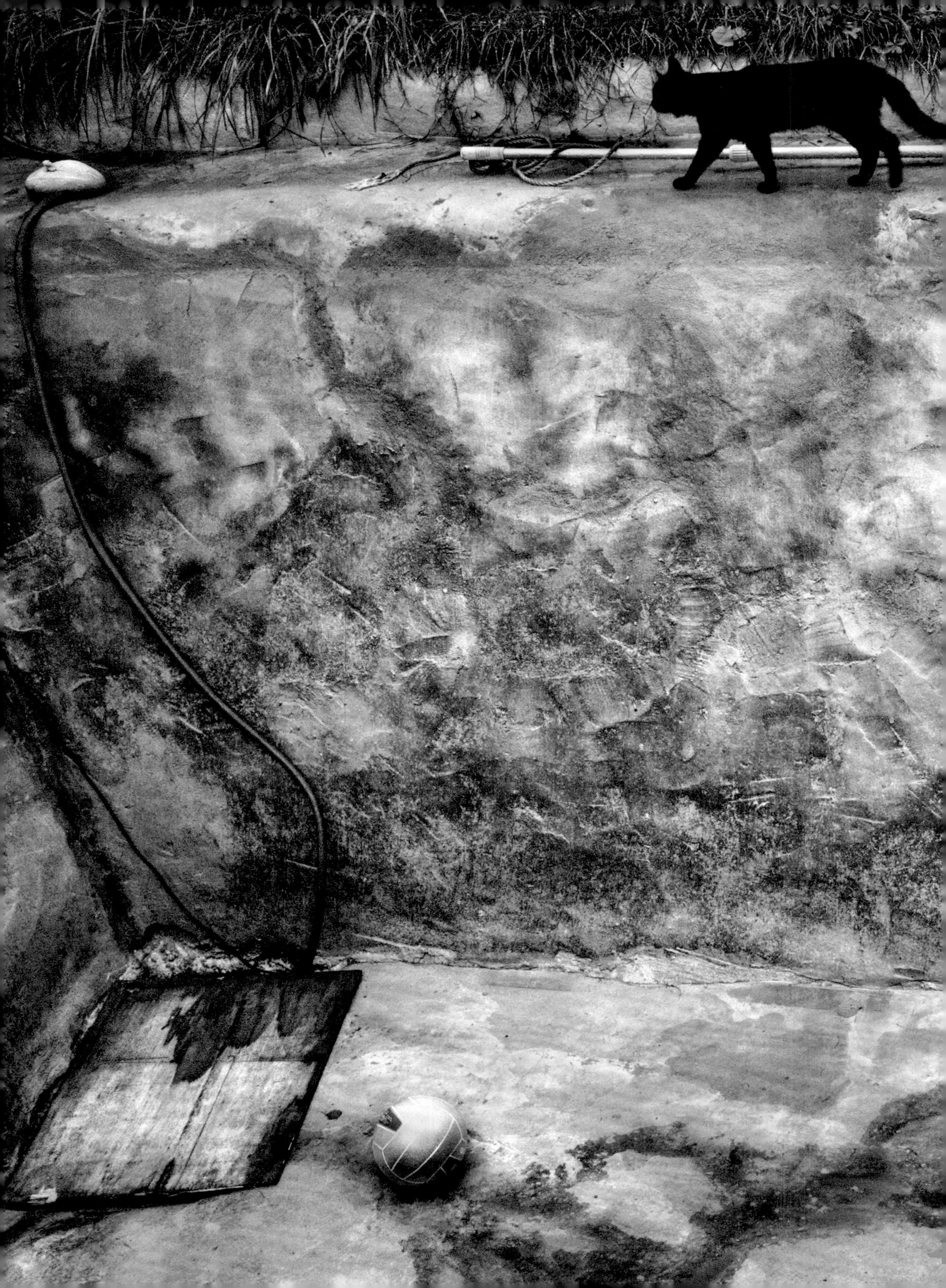

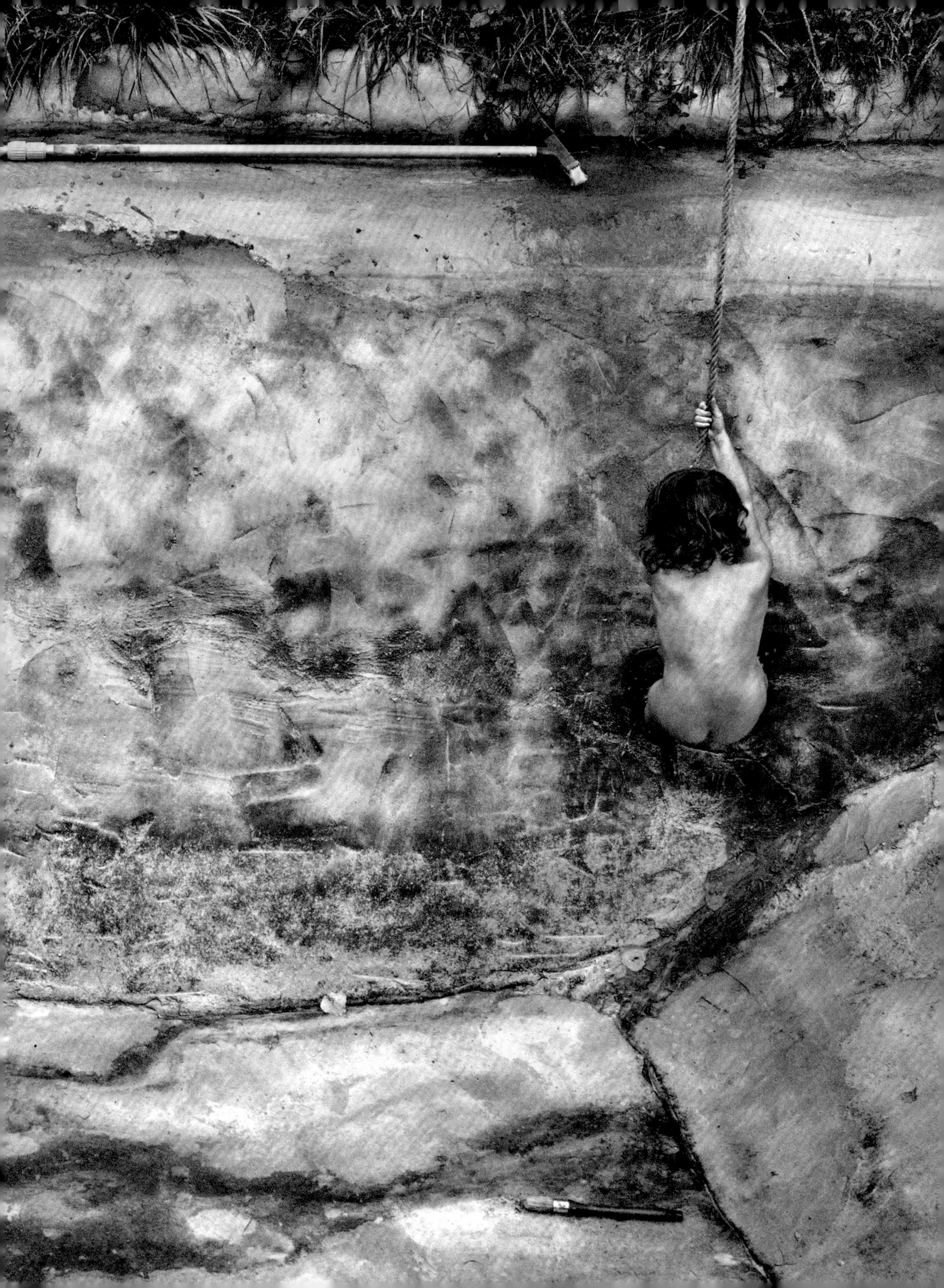

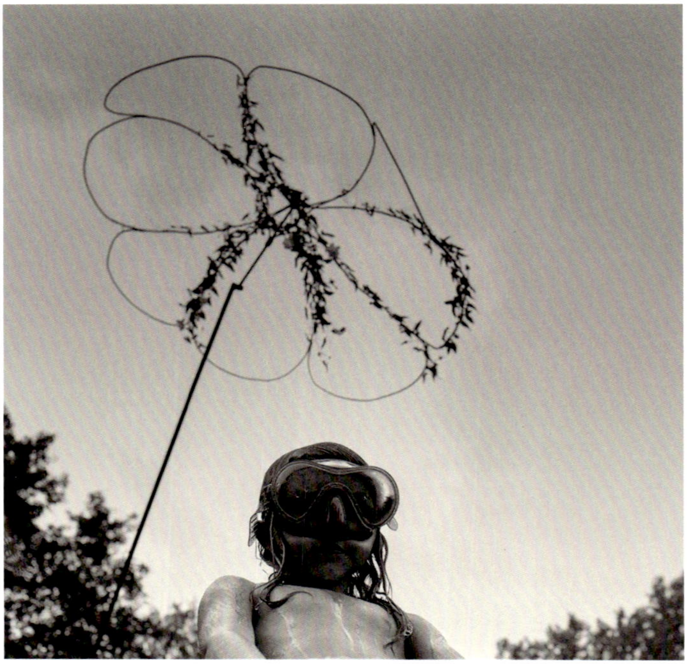

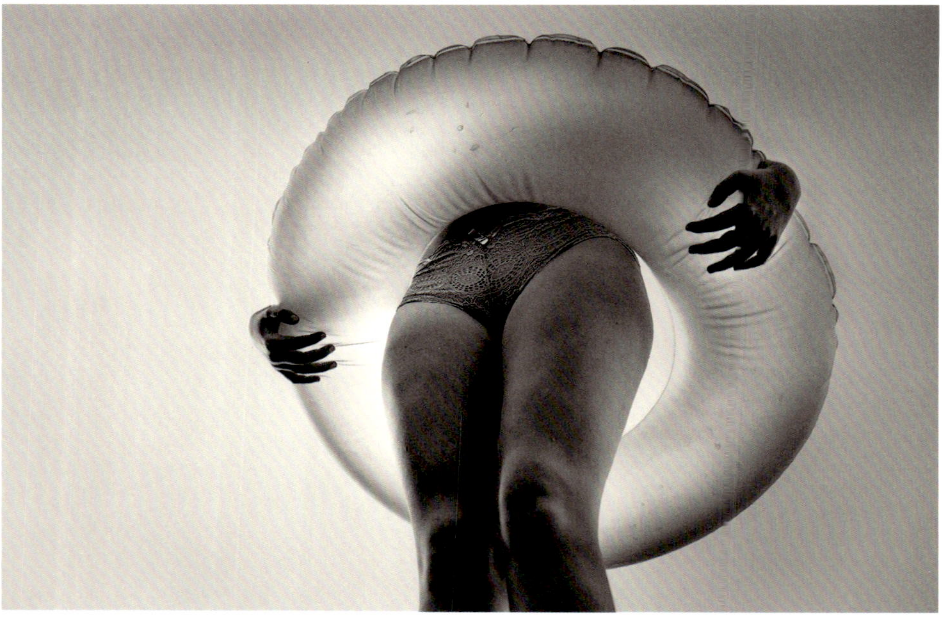

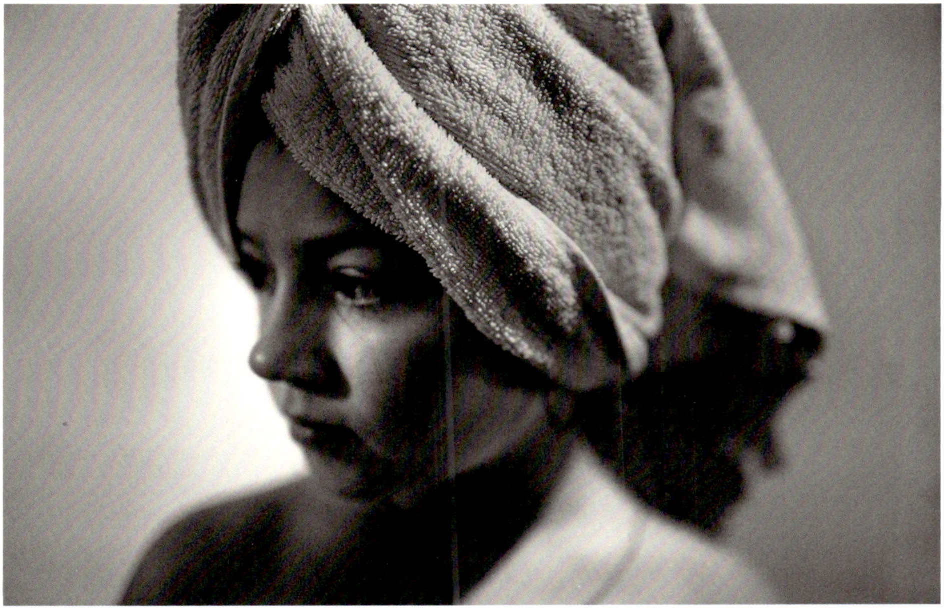

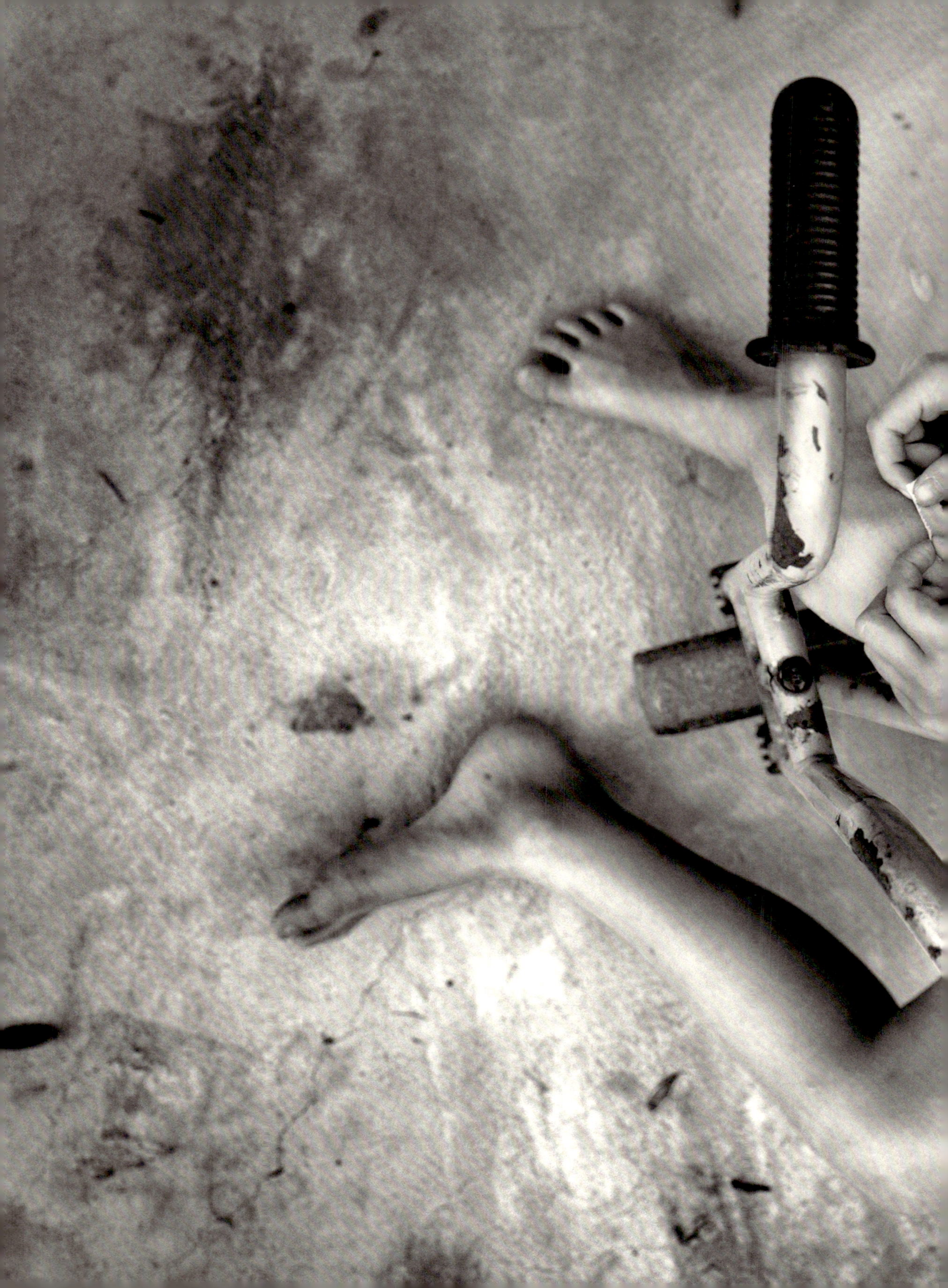

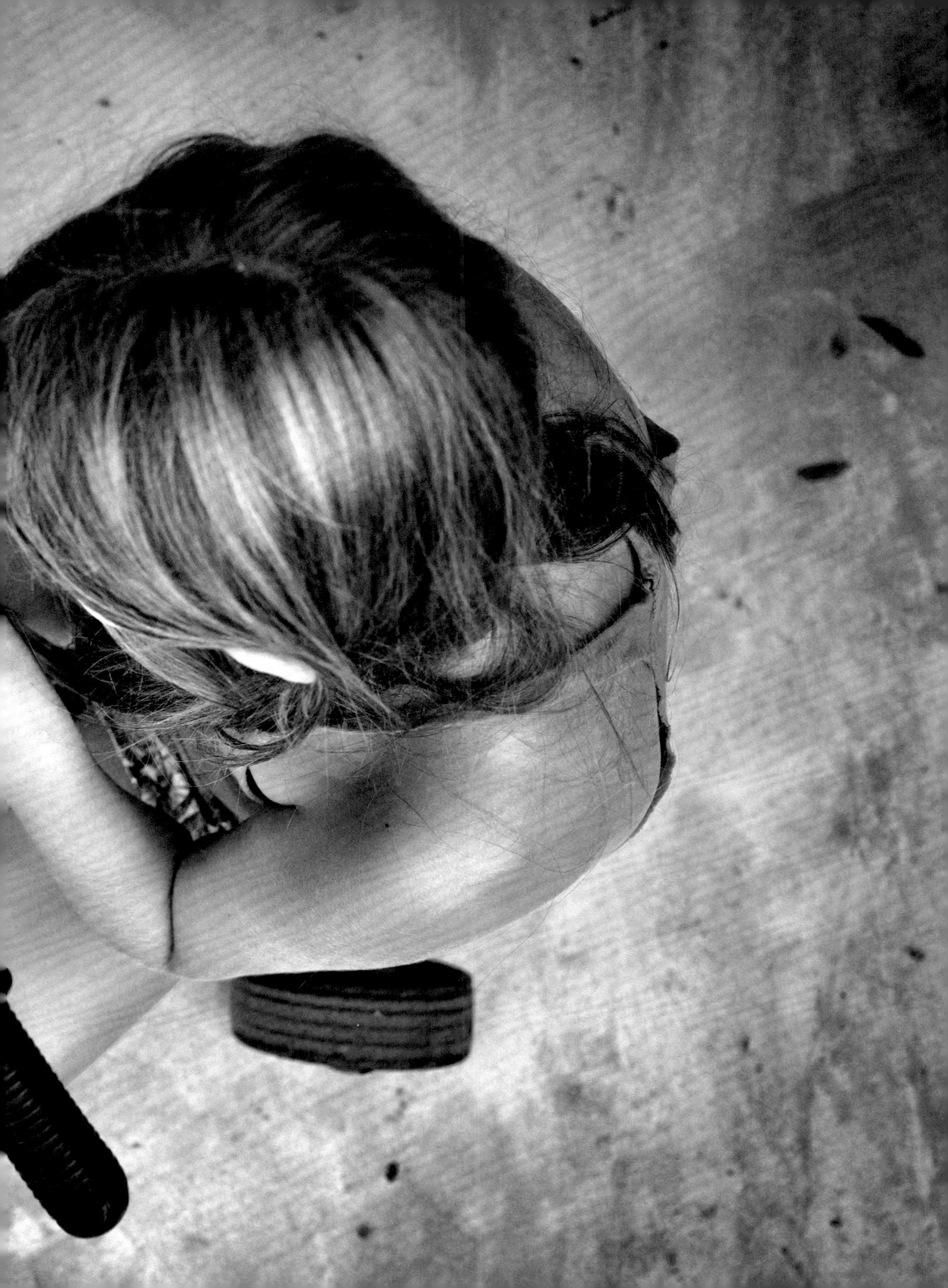

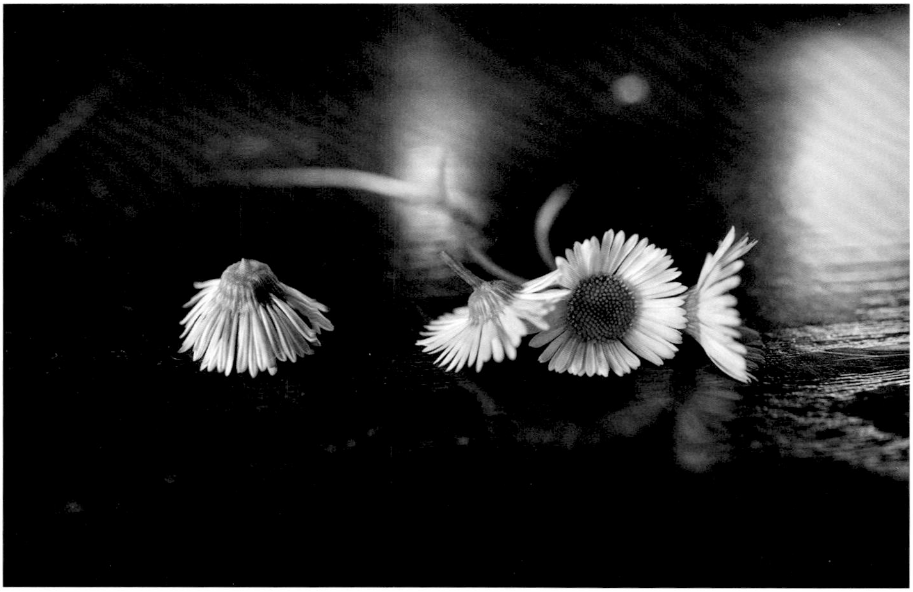

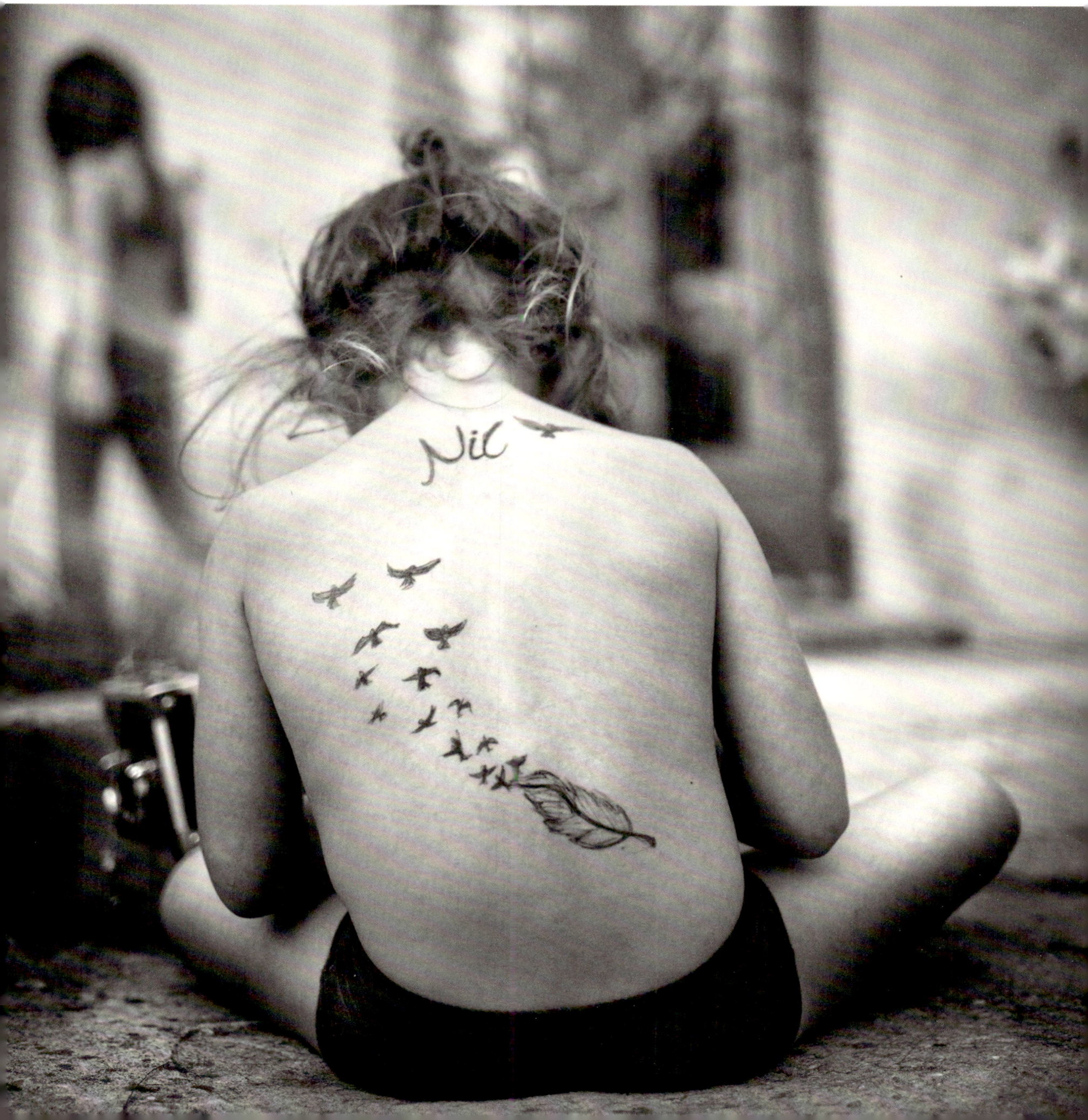
Nic

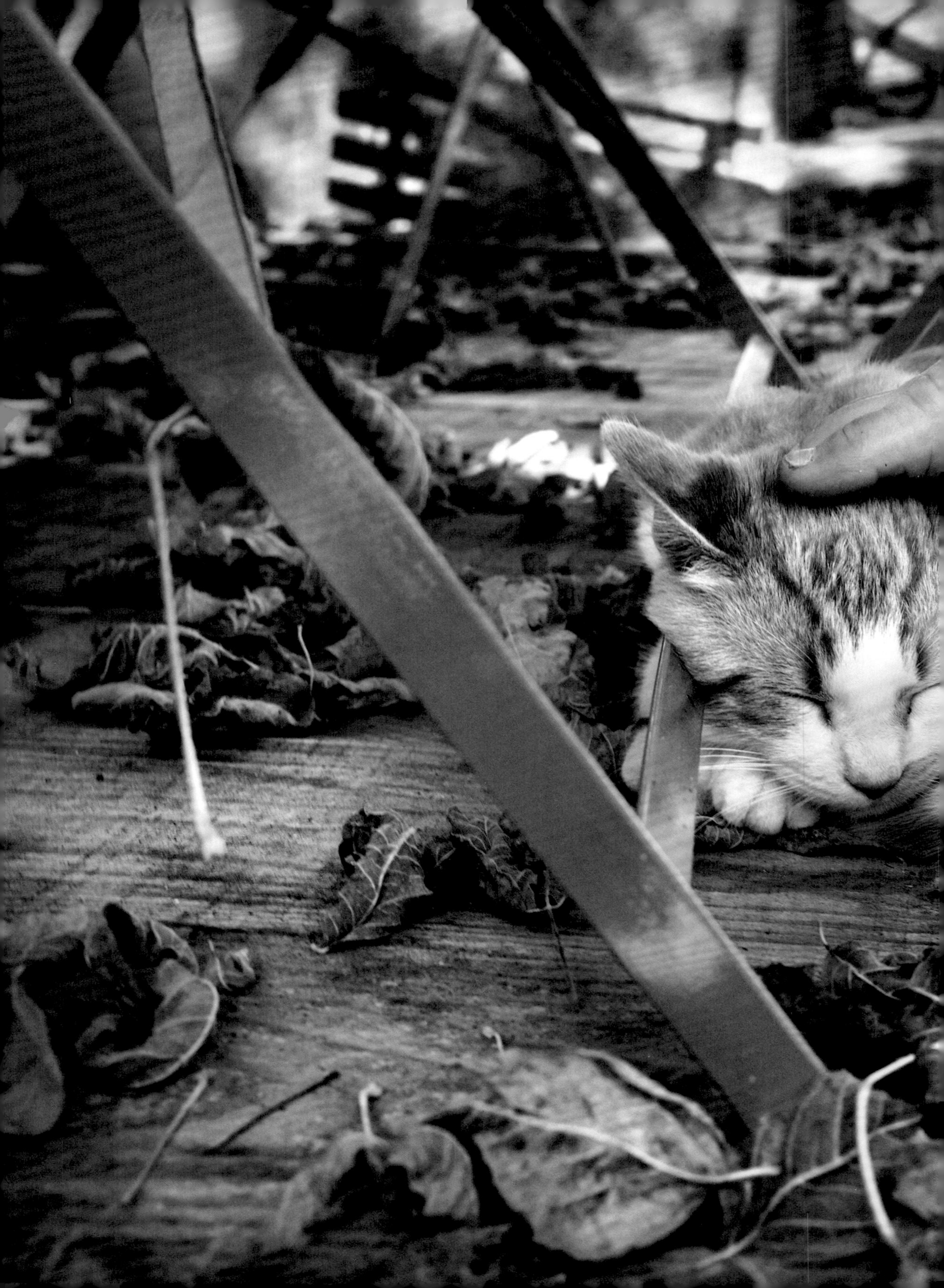

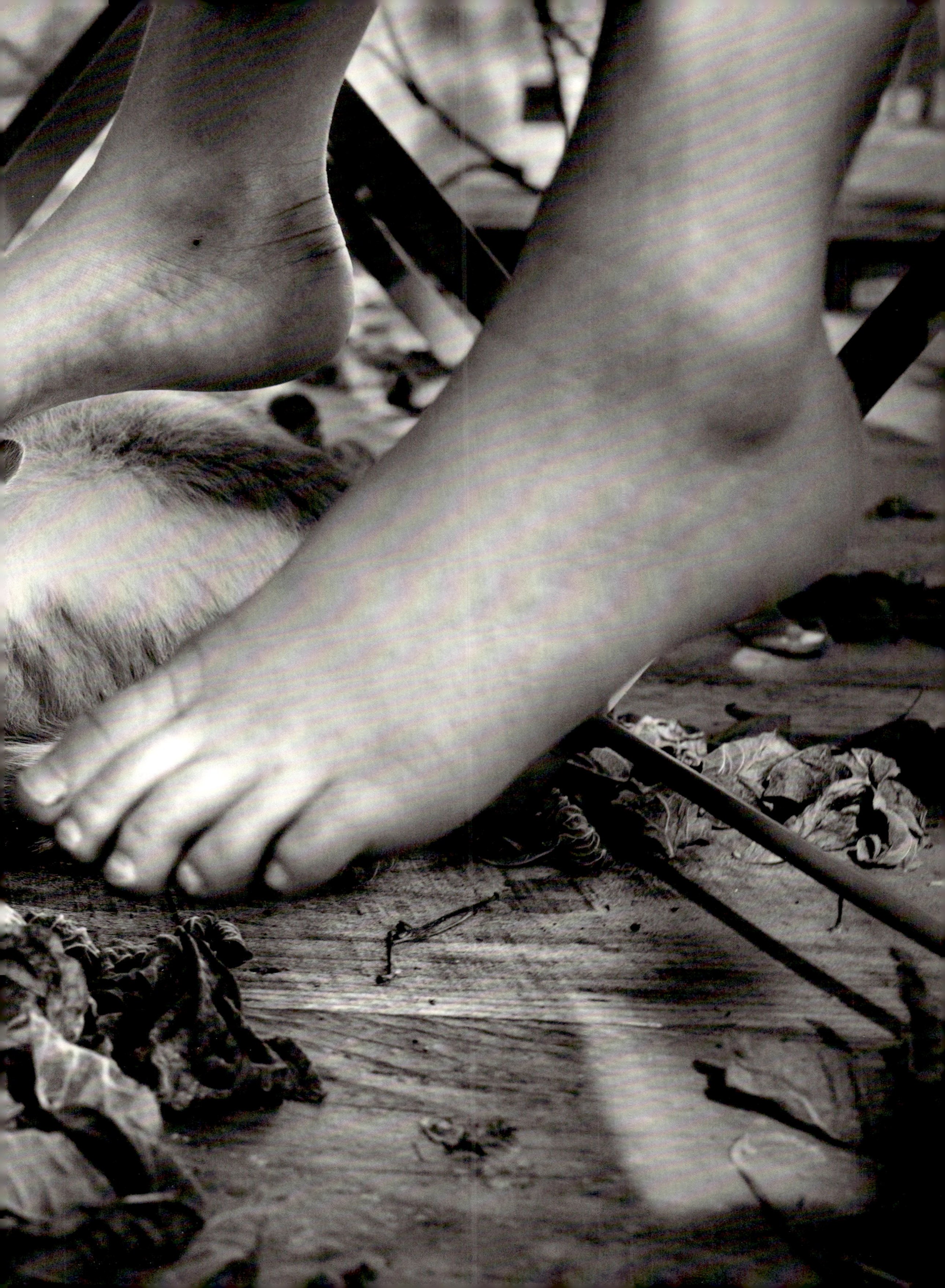

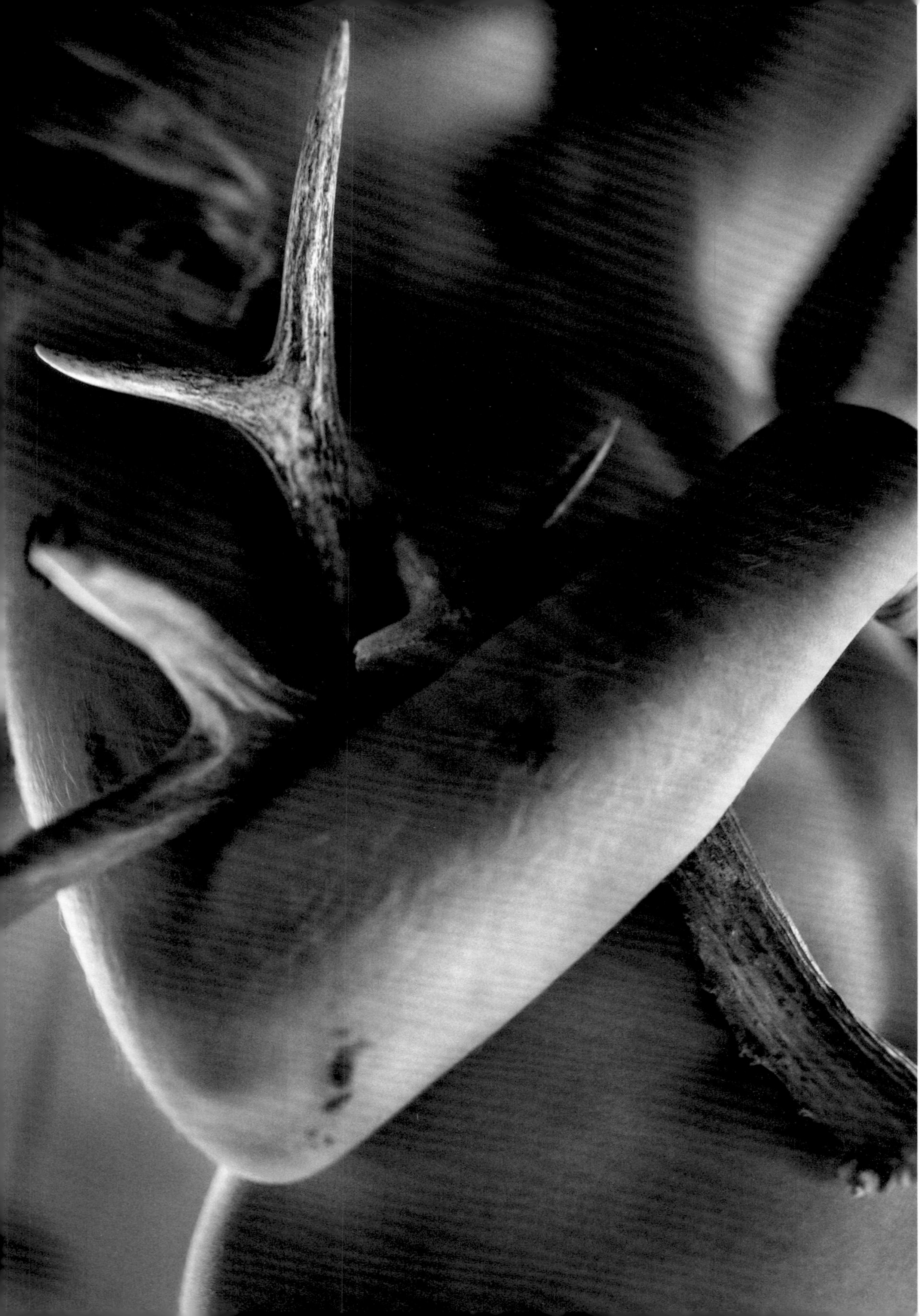

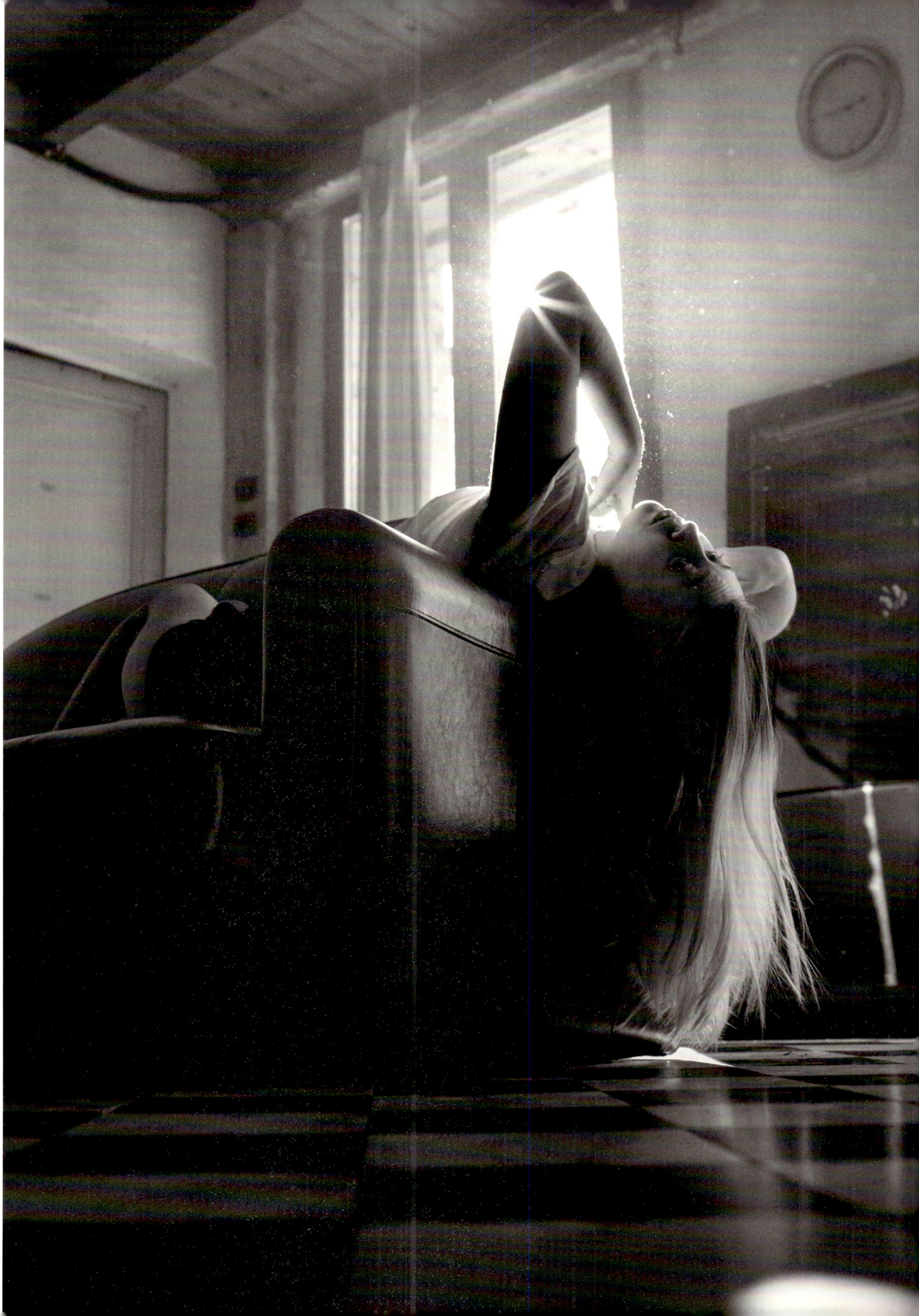

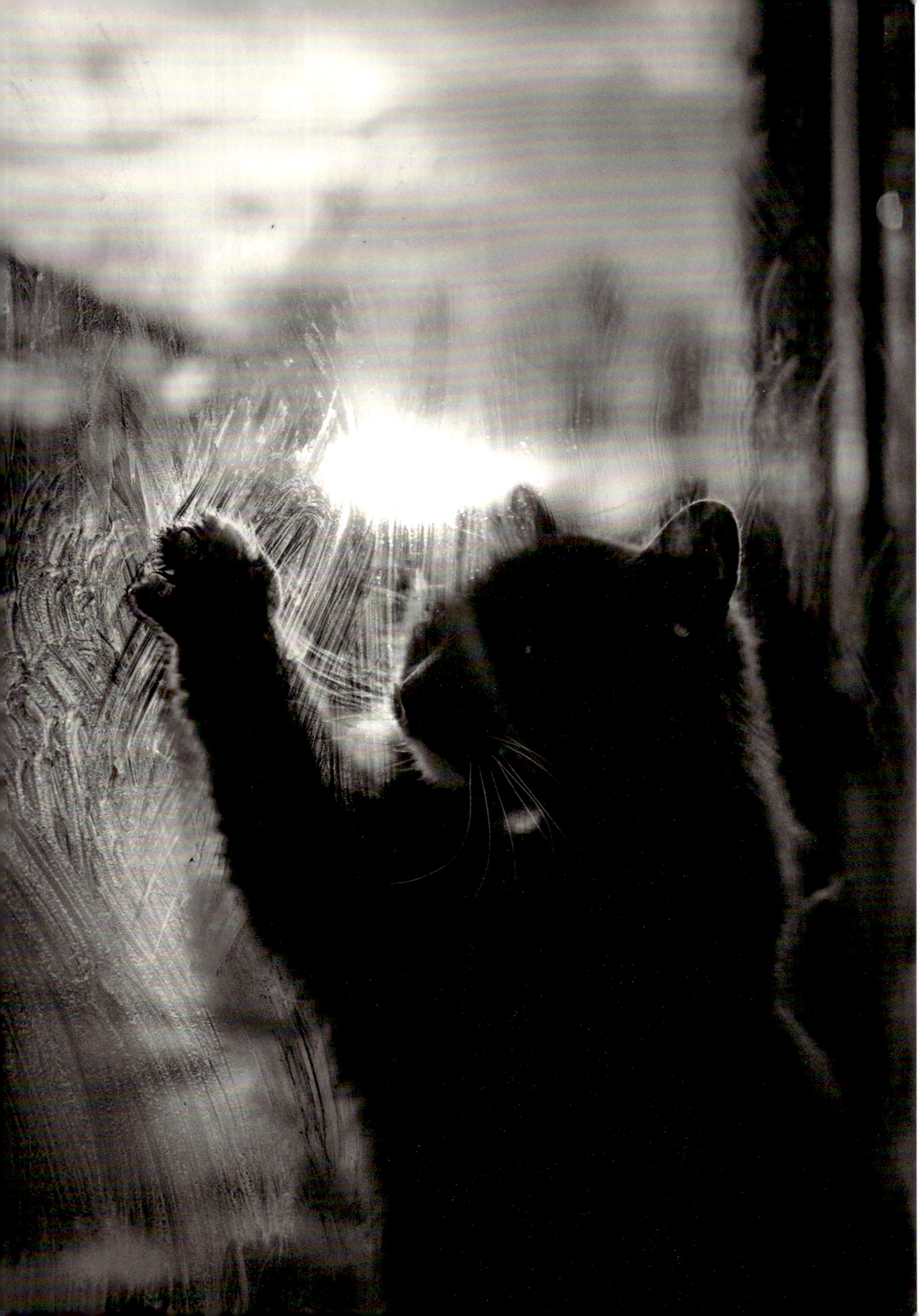

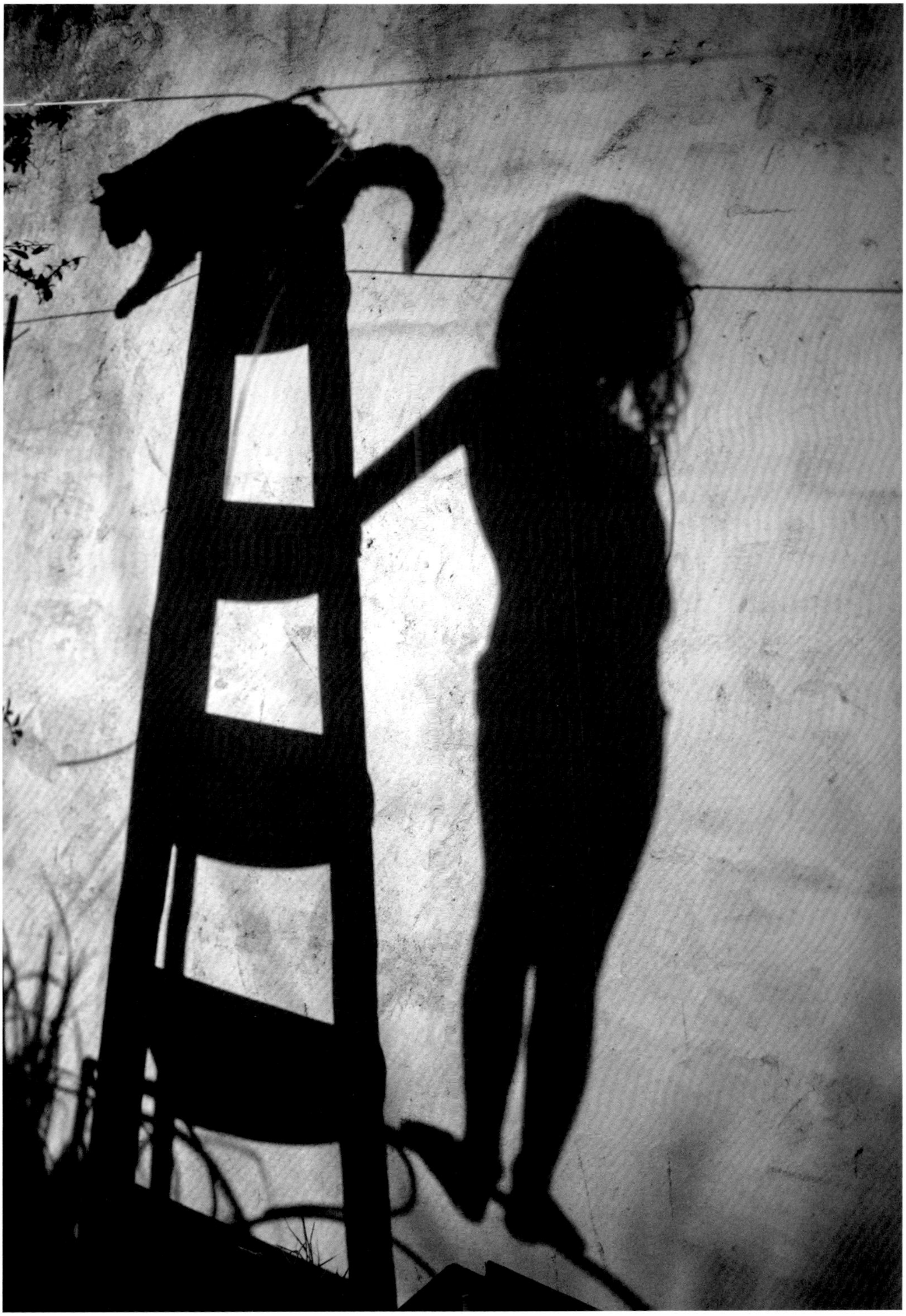

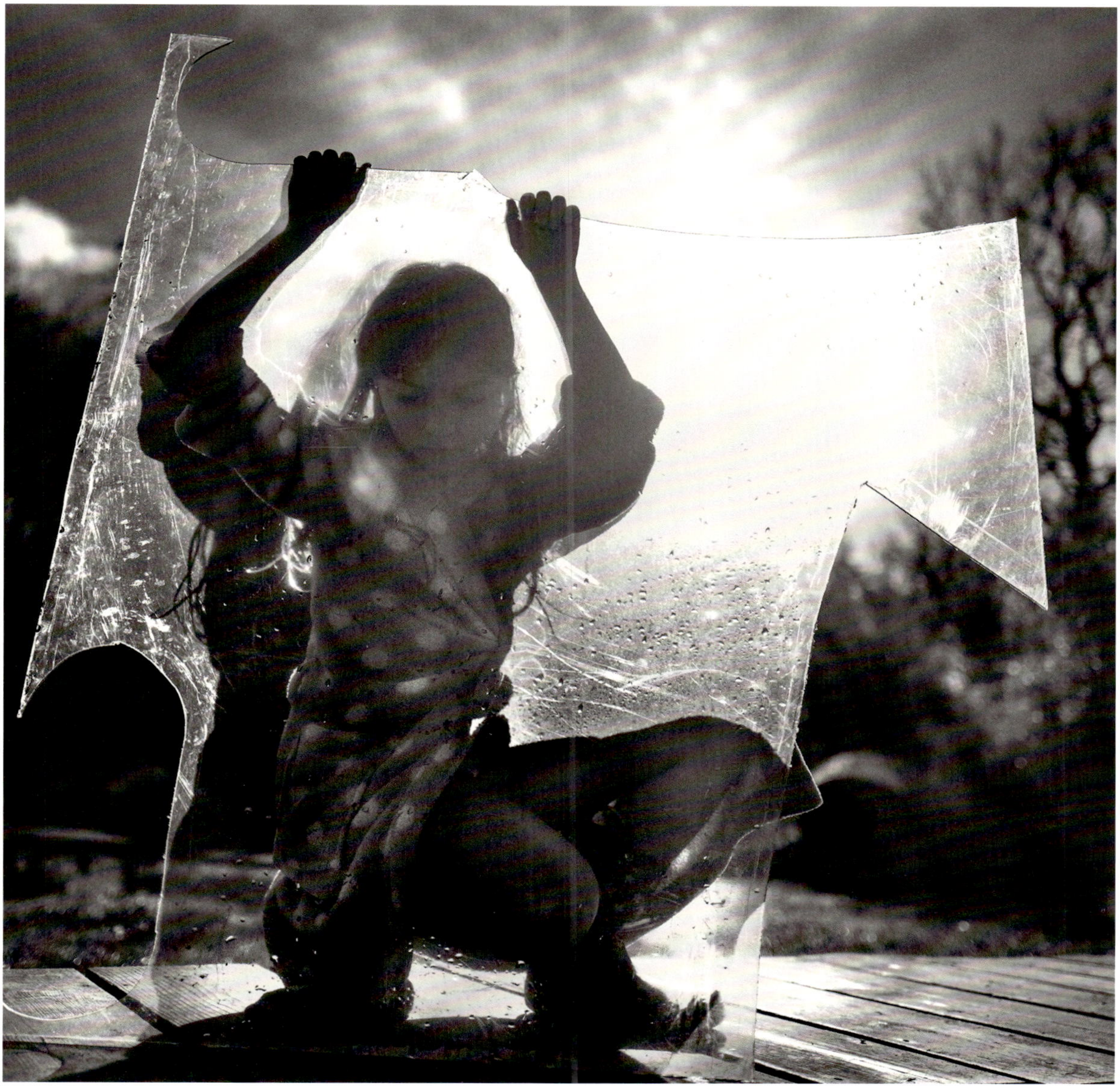

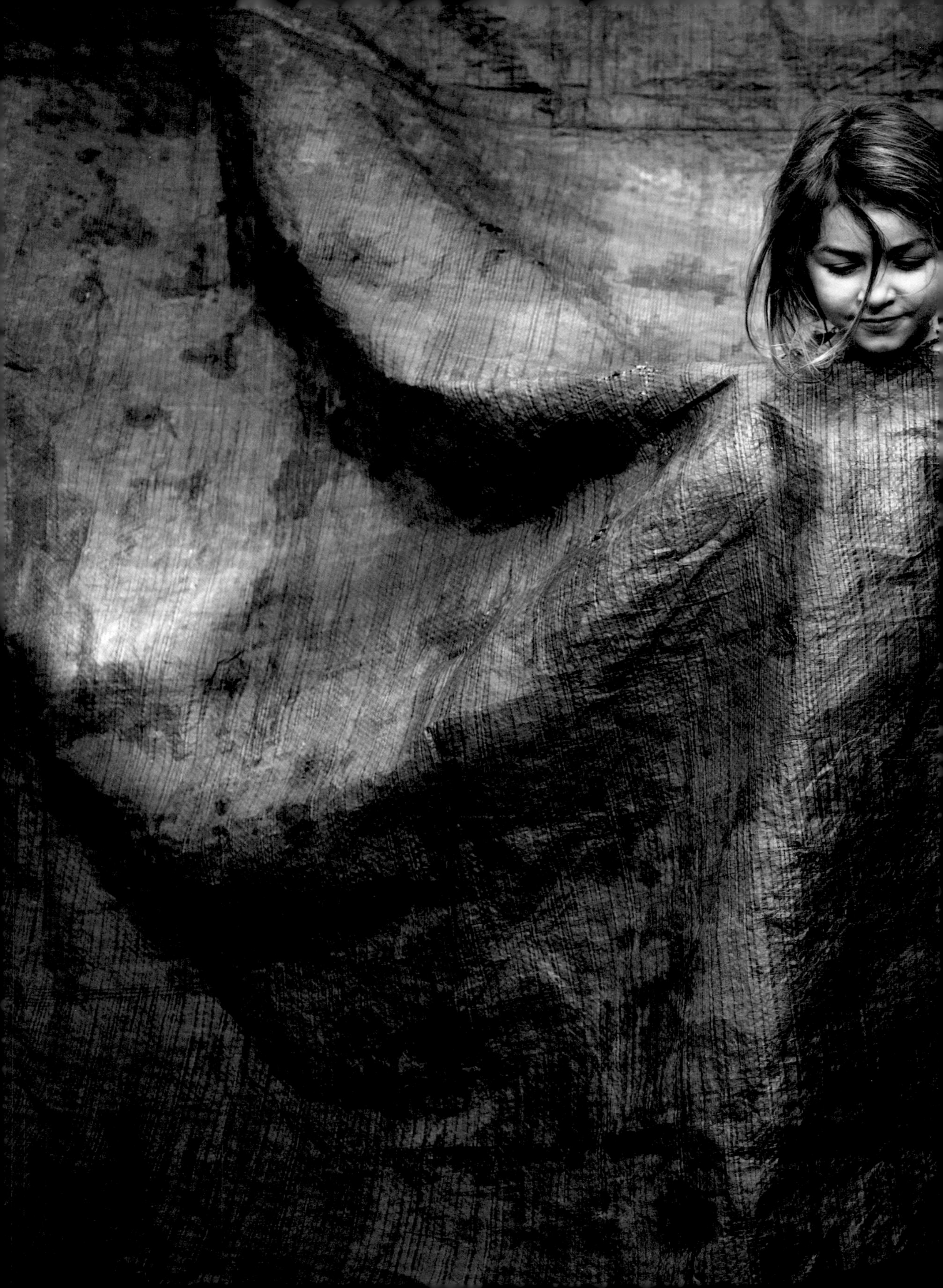

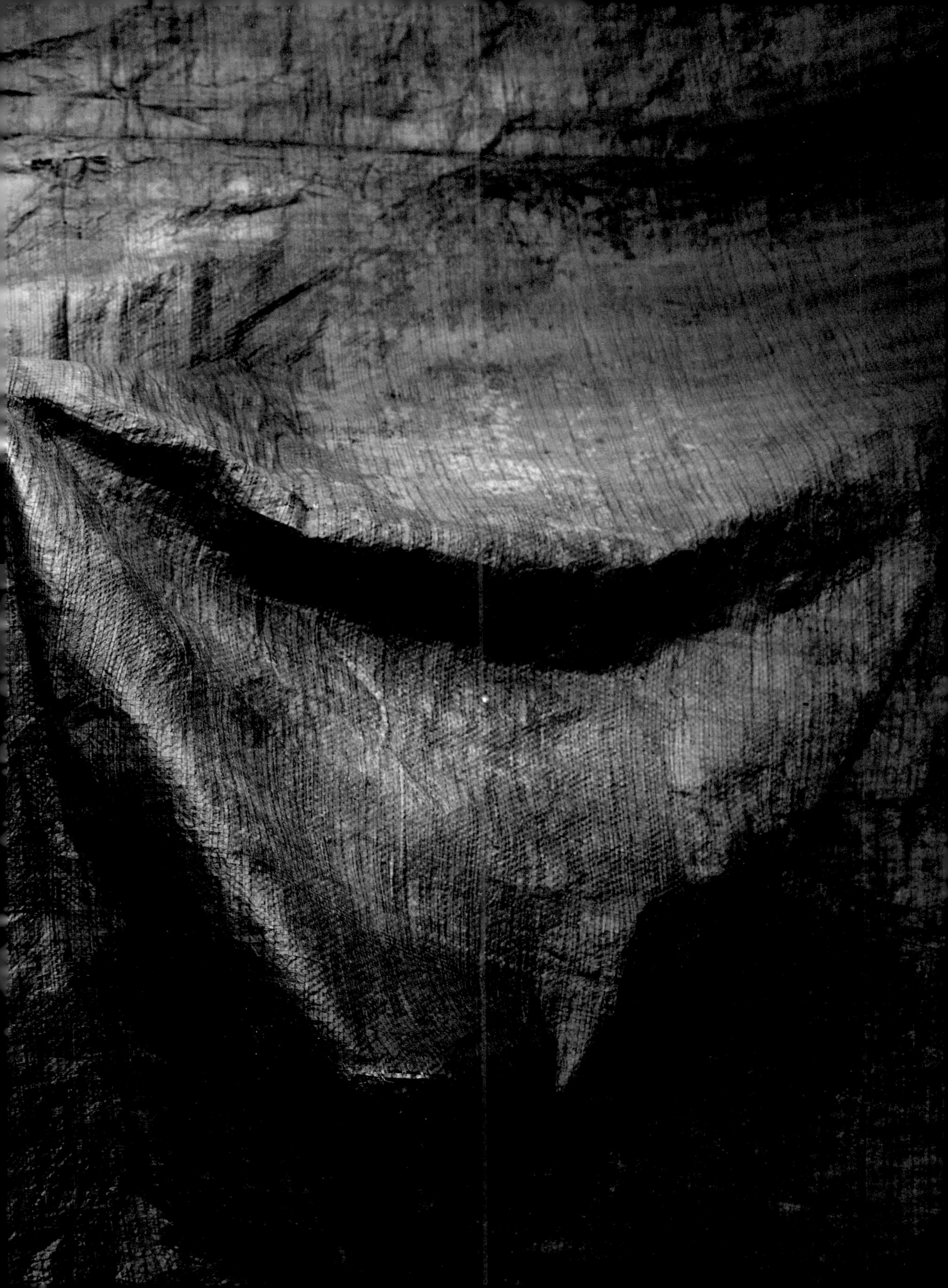

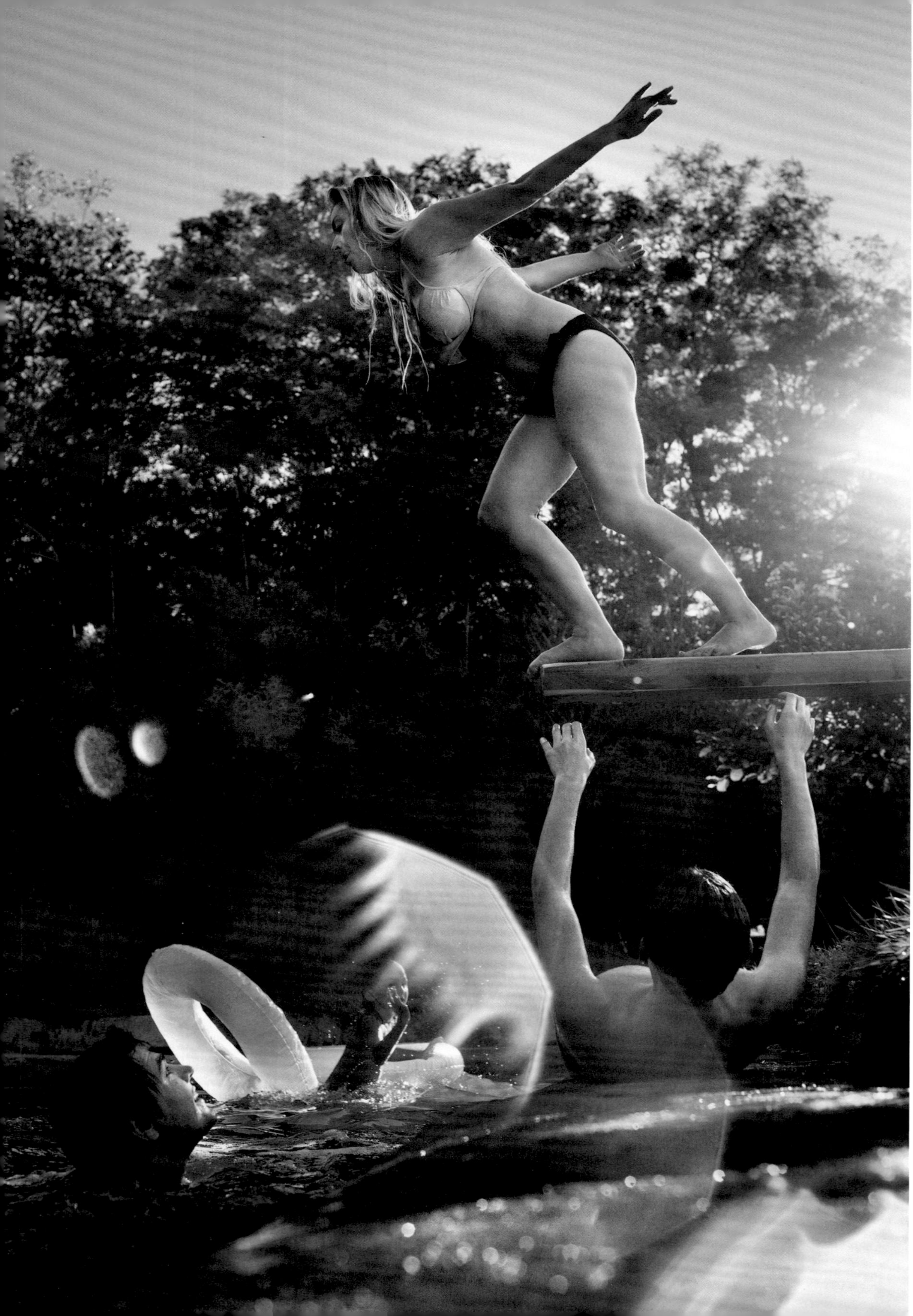

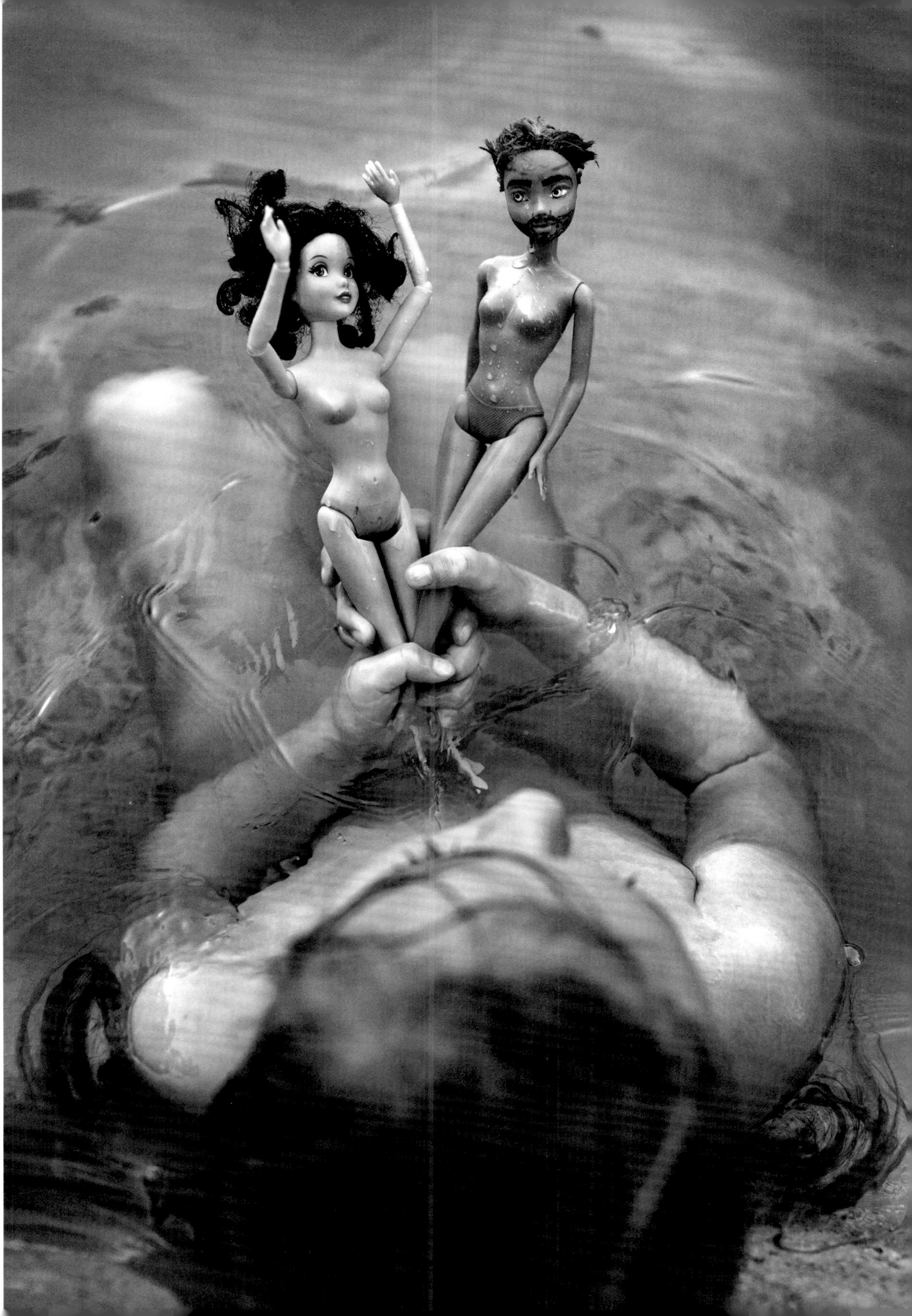

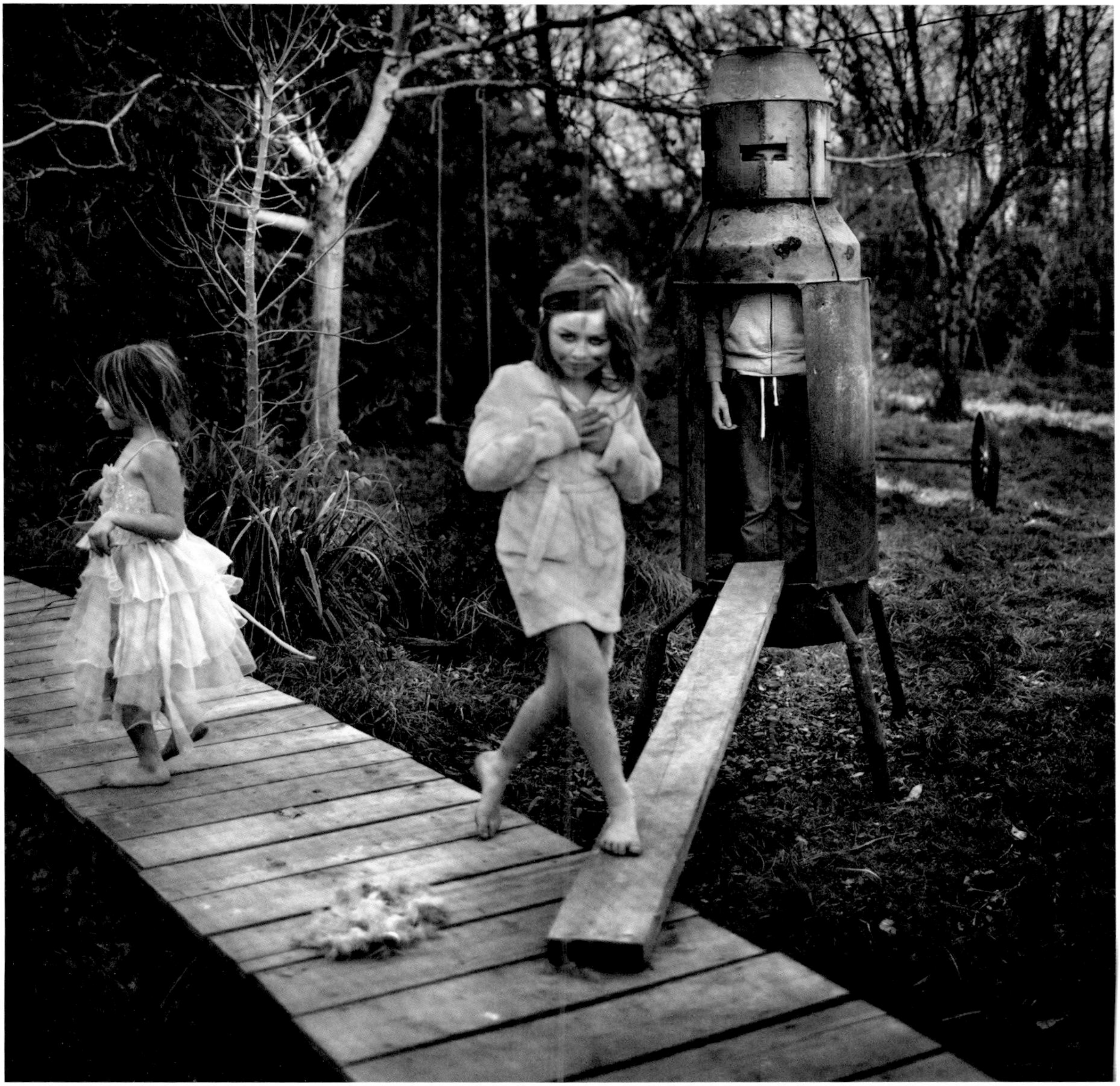

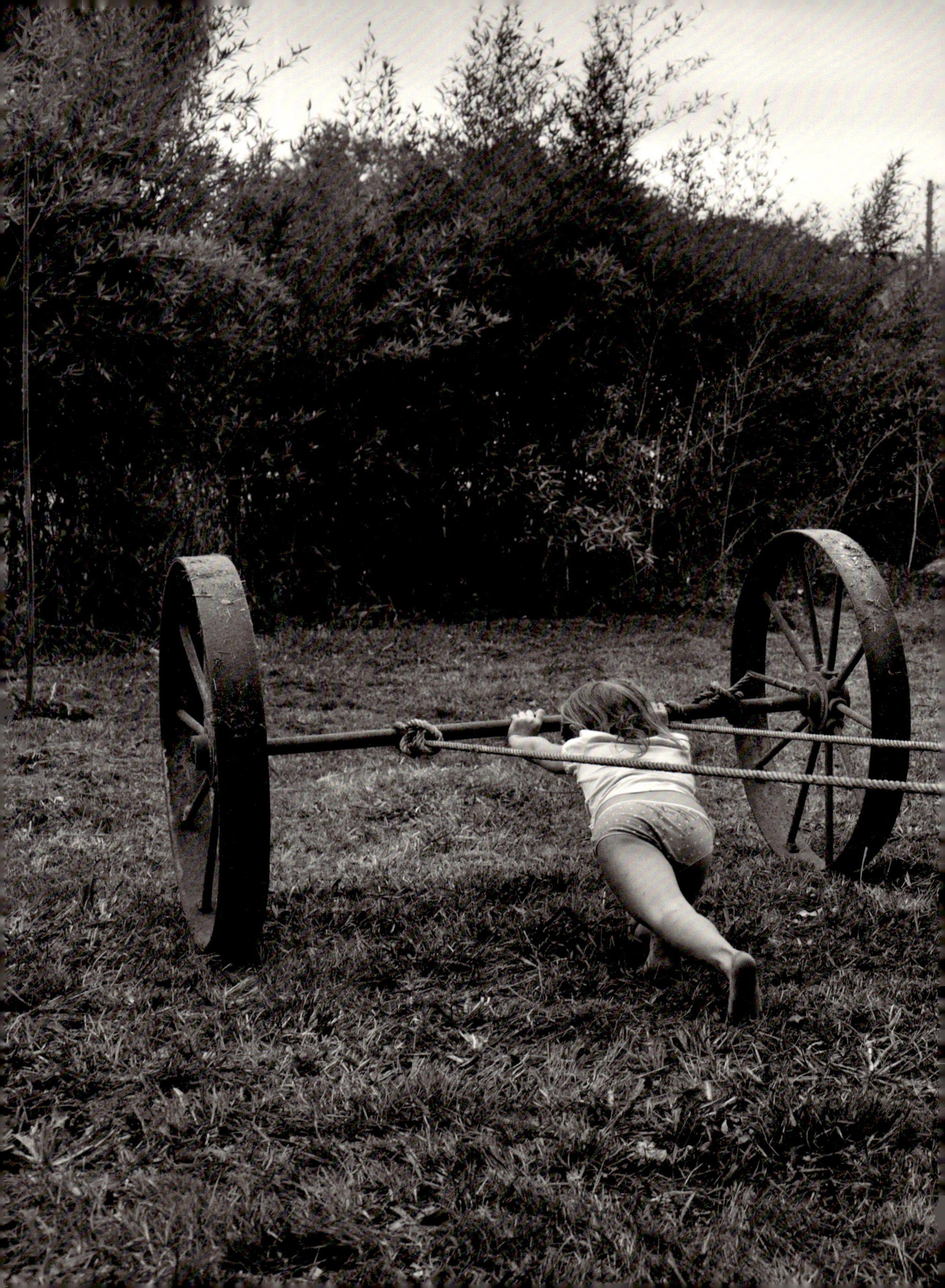

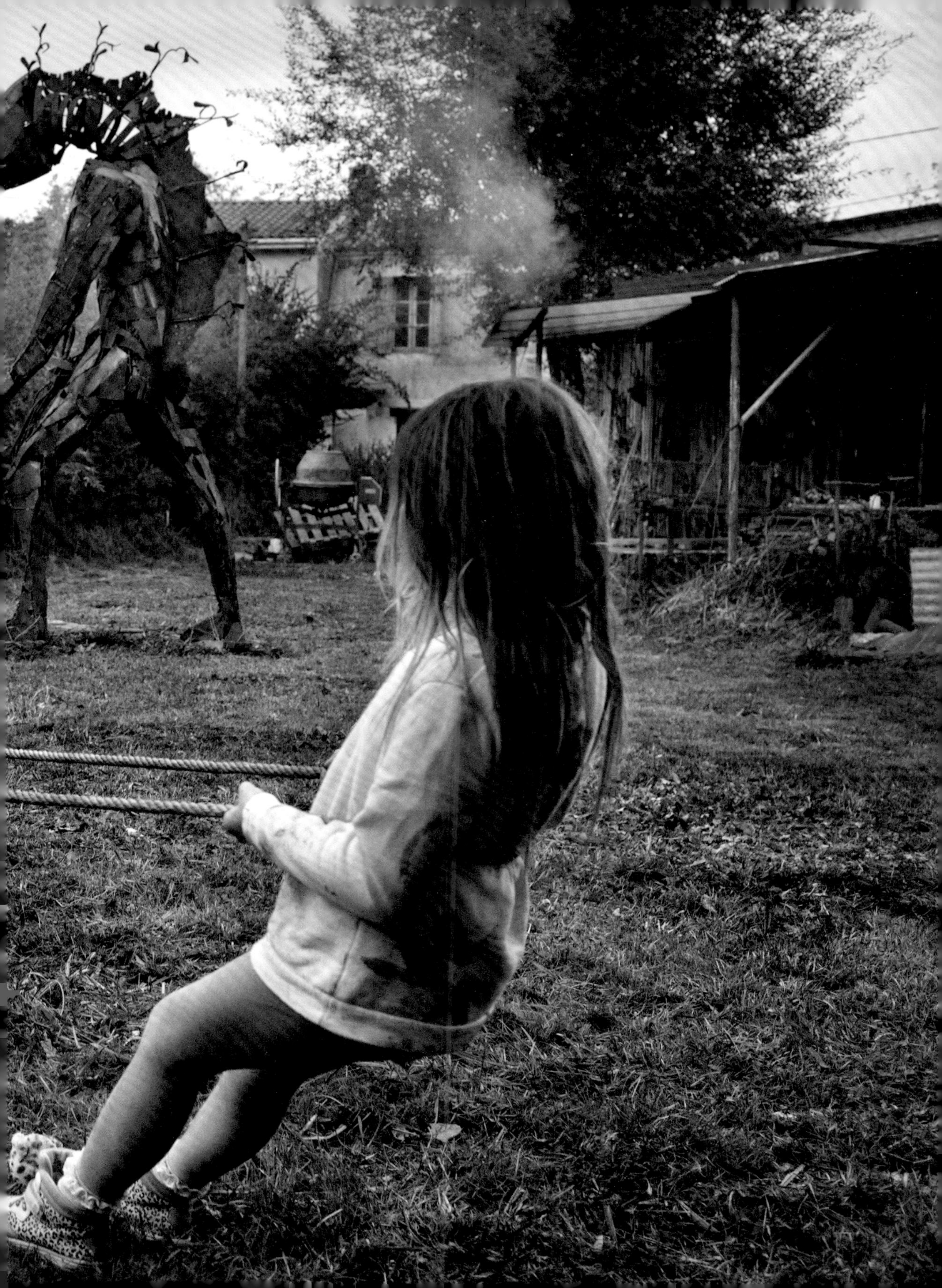

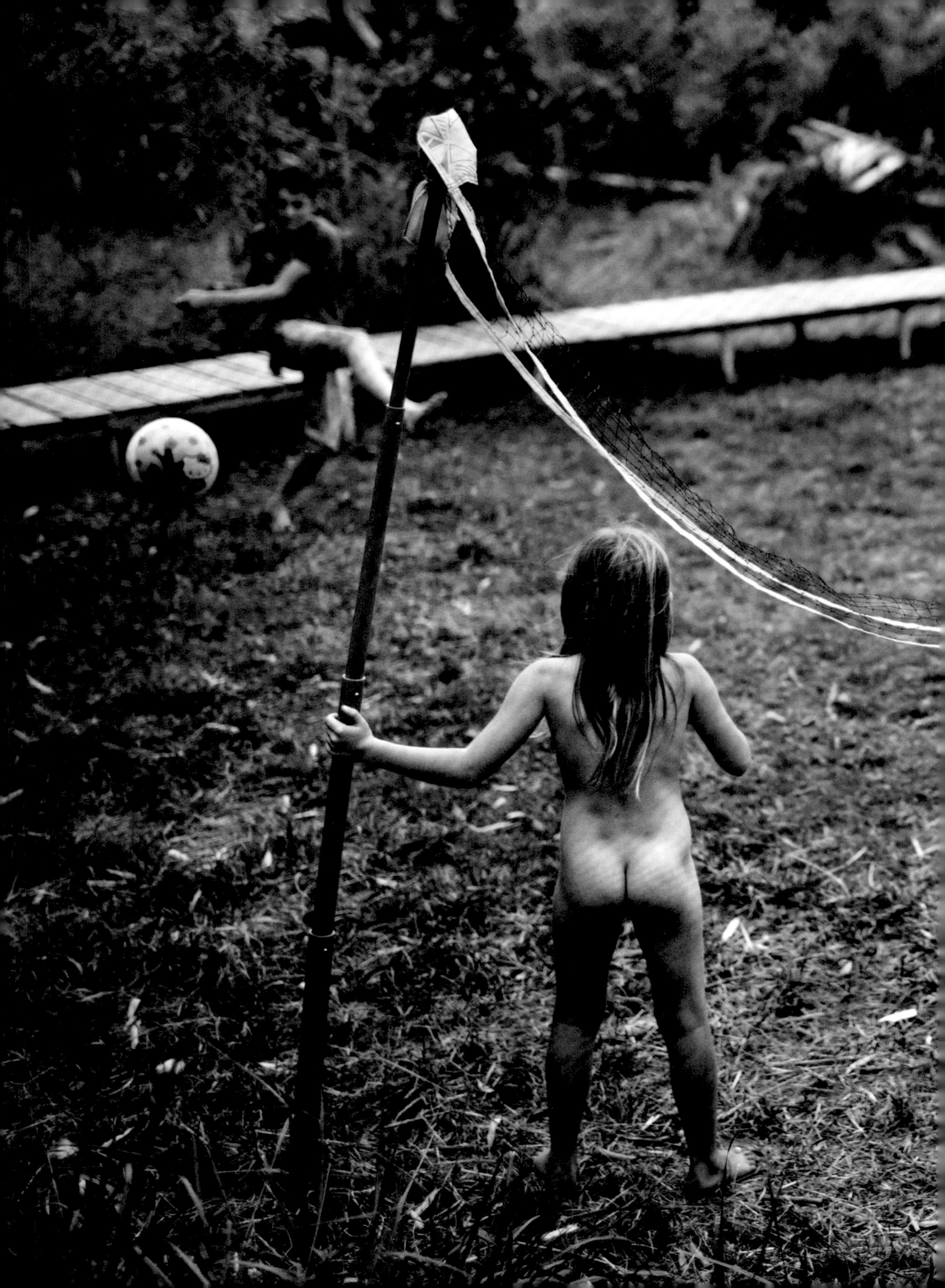

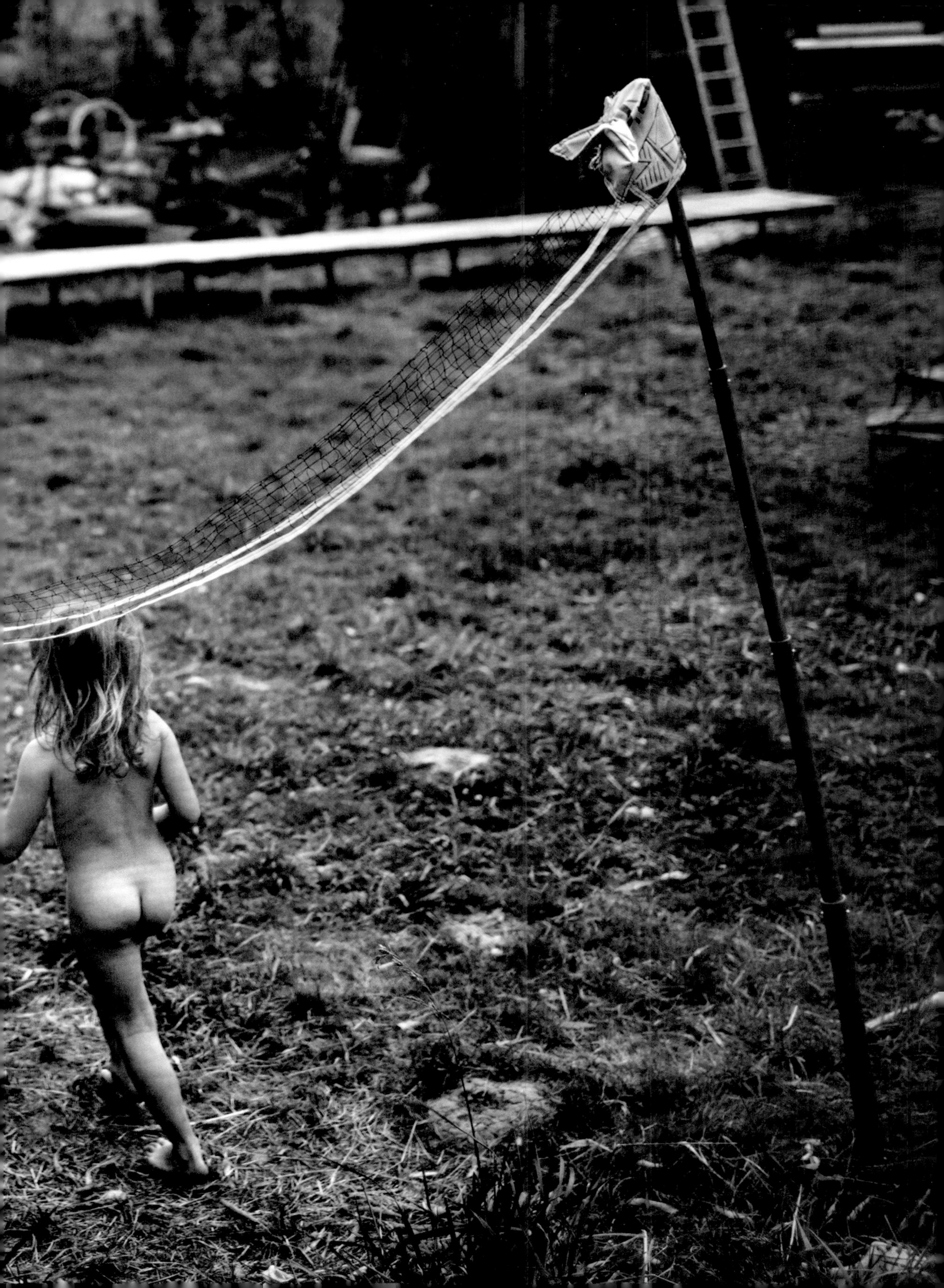

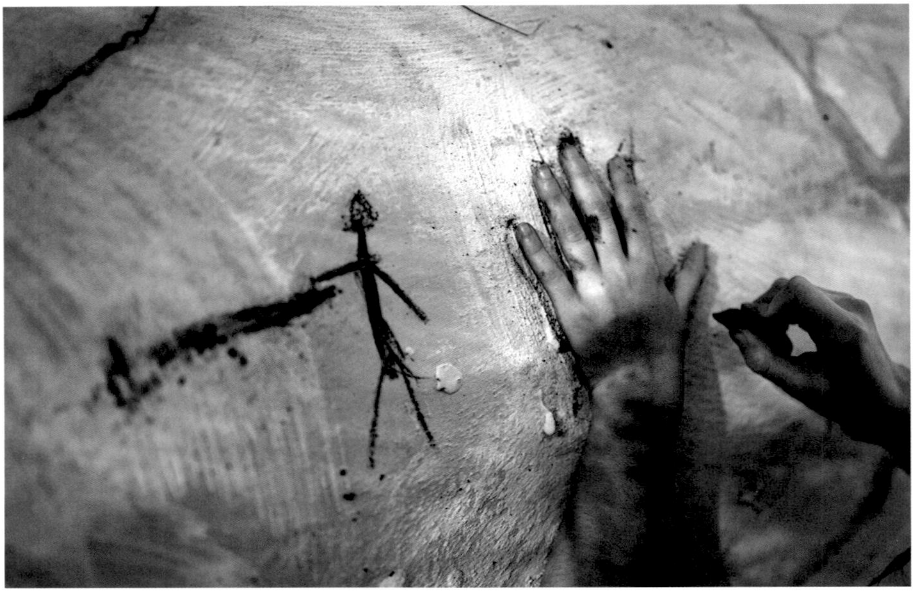

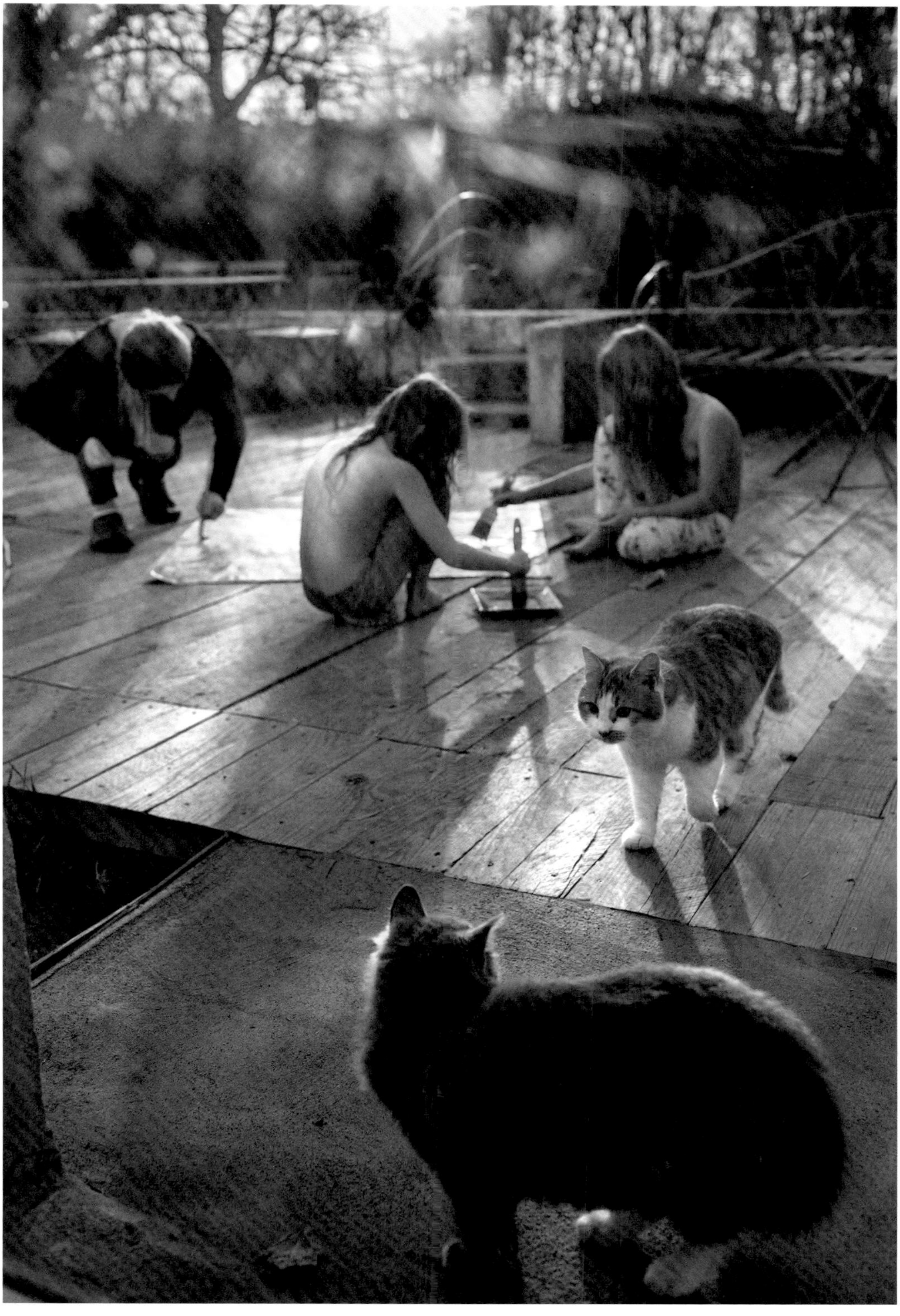

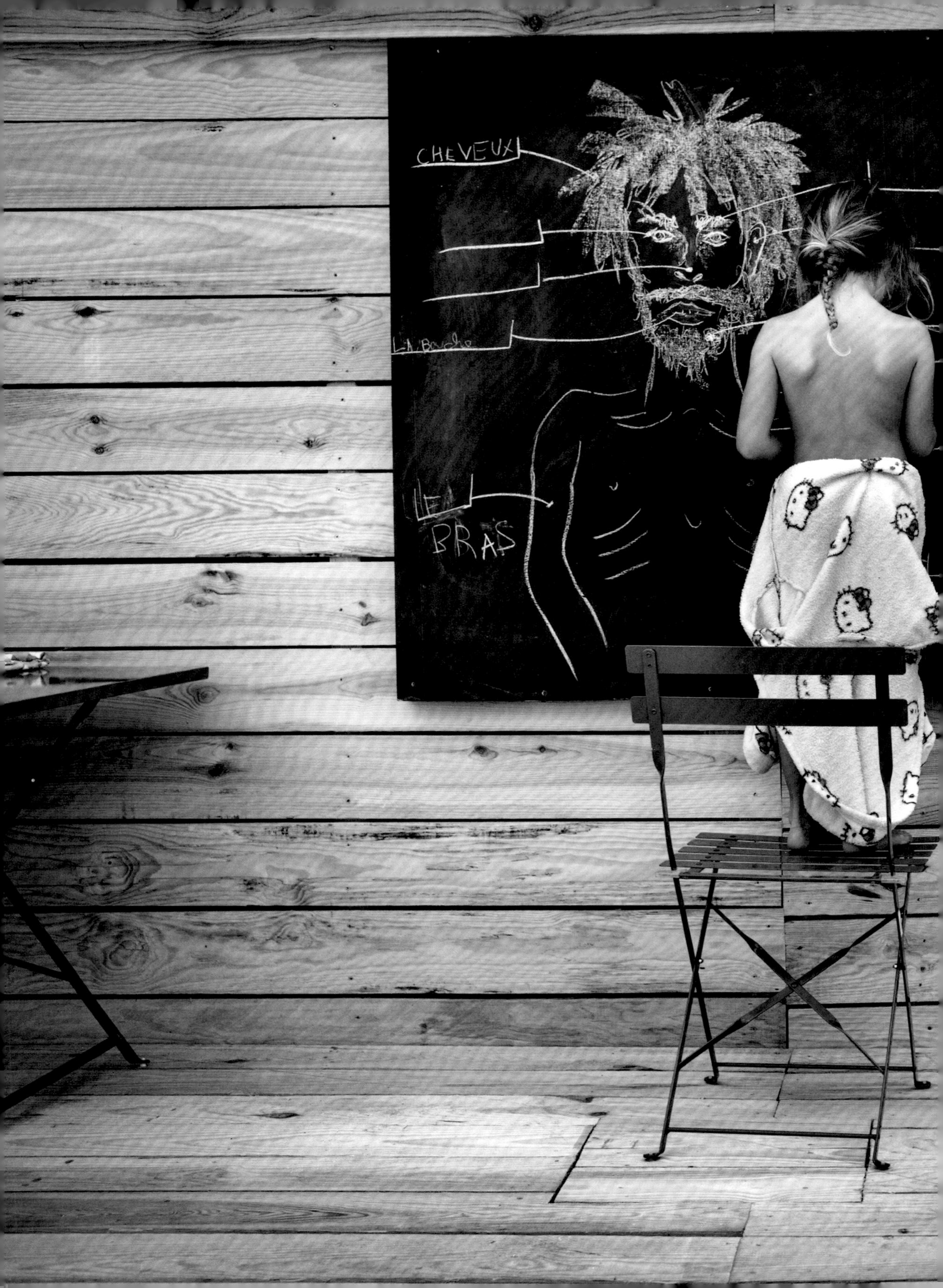
CHEVEUX
LA Bouche
BRAS

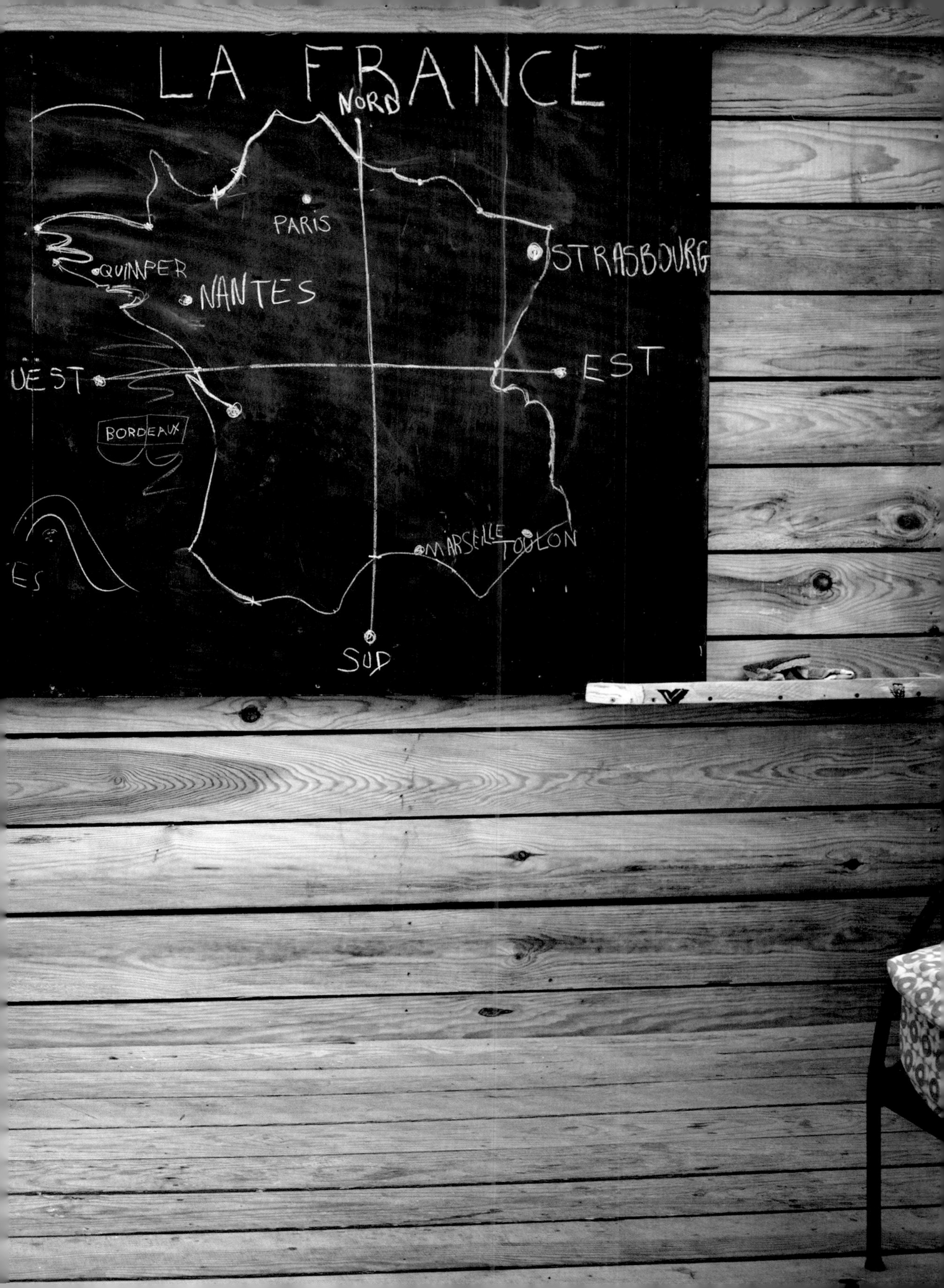

LA FRANCE
NORD
PARIS
STRASBOURG
QUIMPER
NANTES
UEST
EST
BORDEAUX
MARSEILLE
TOULON
SUD

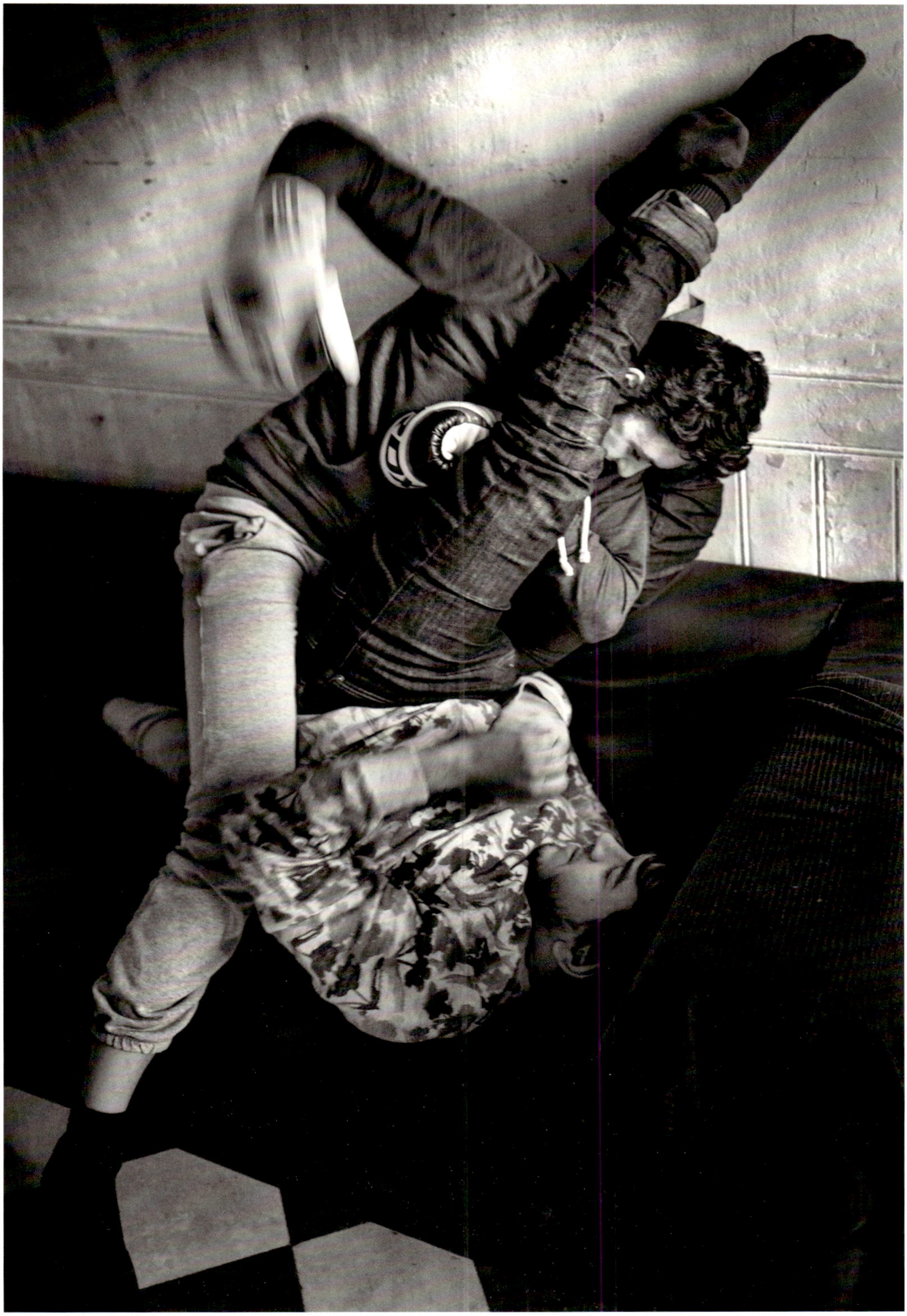

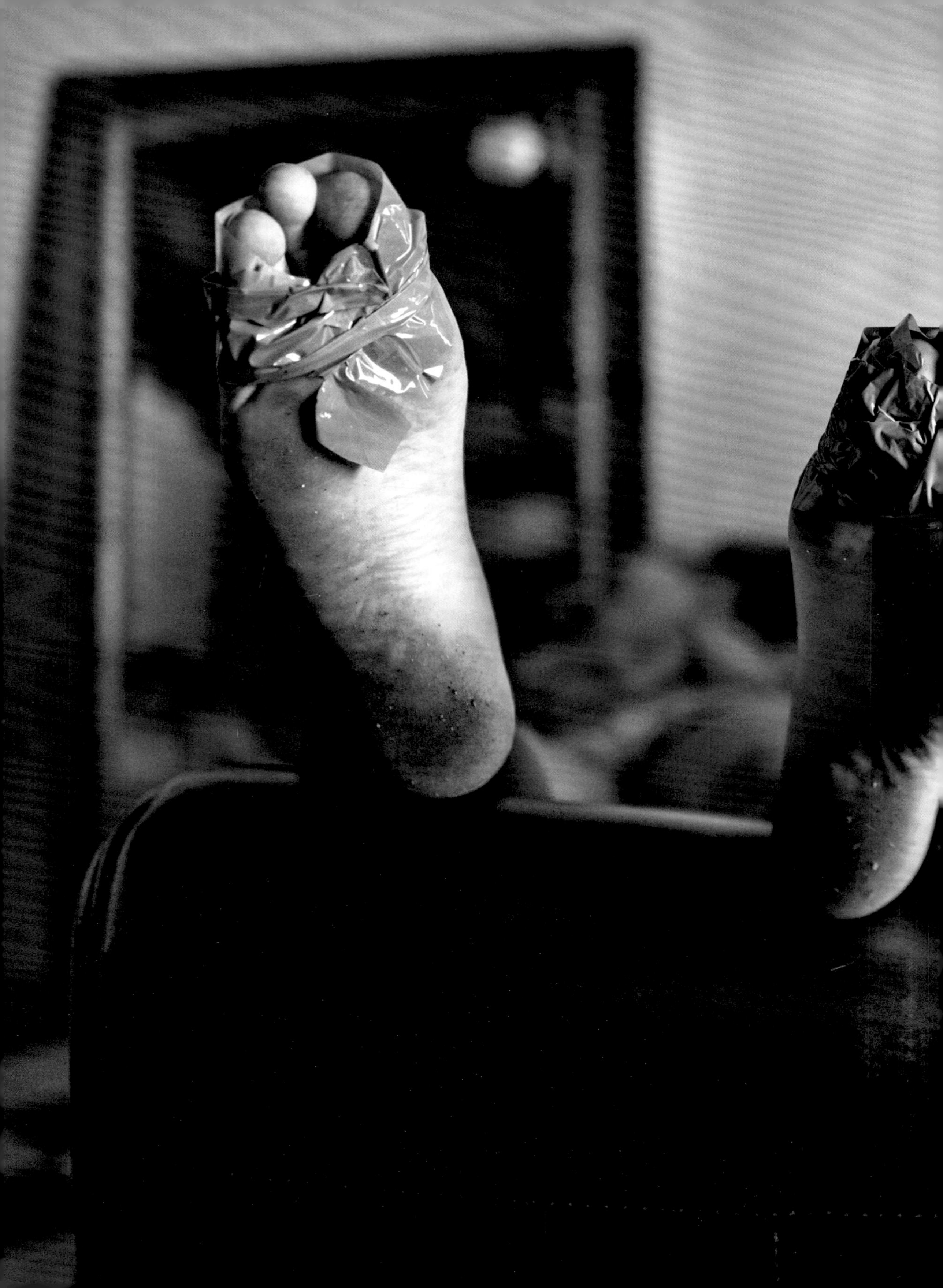

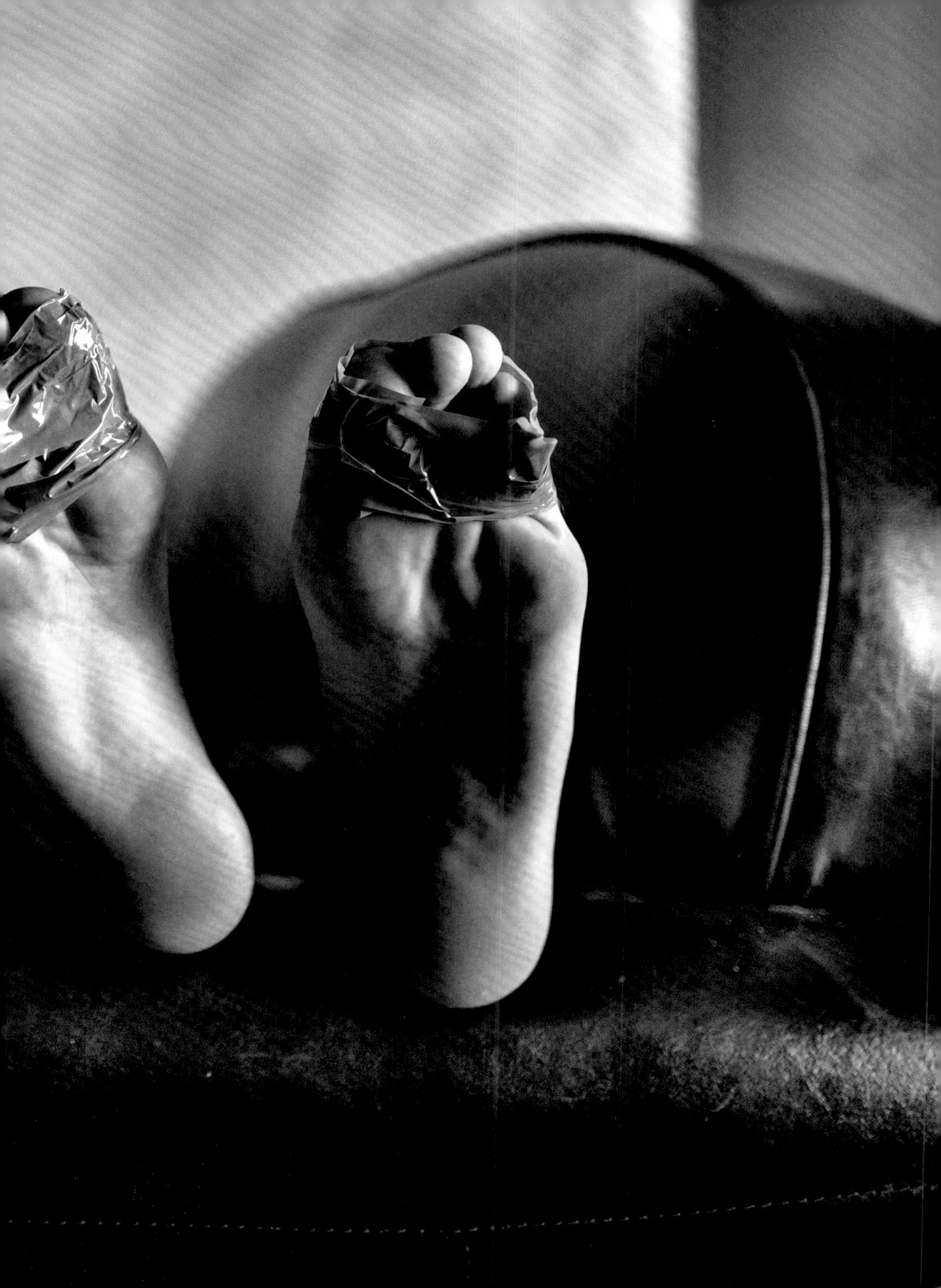

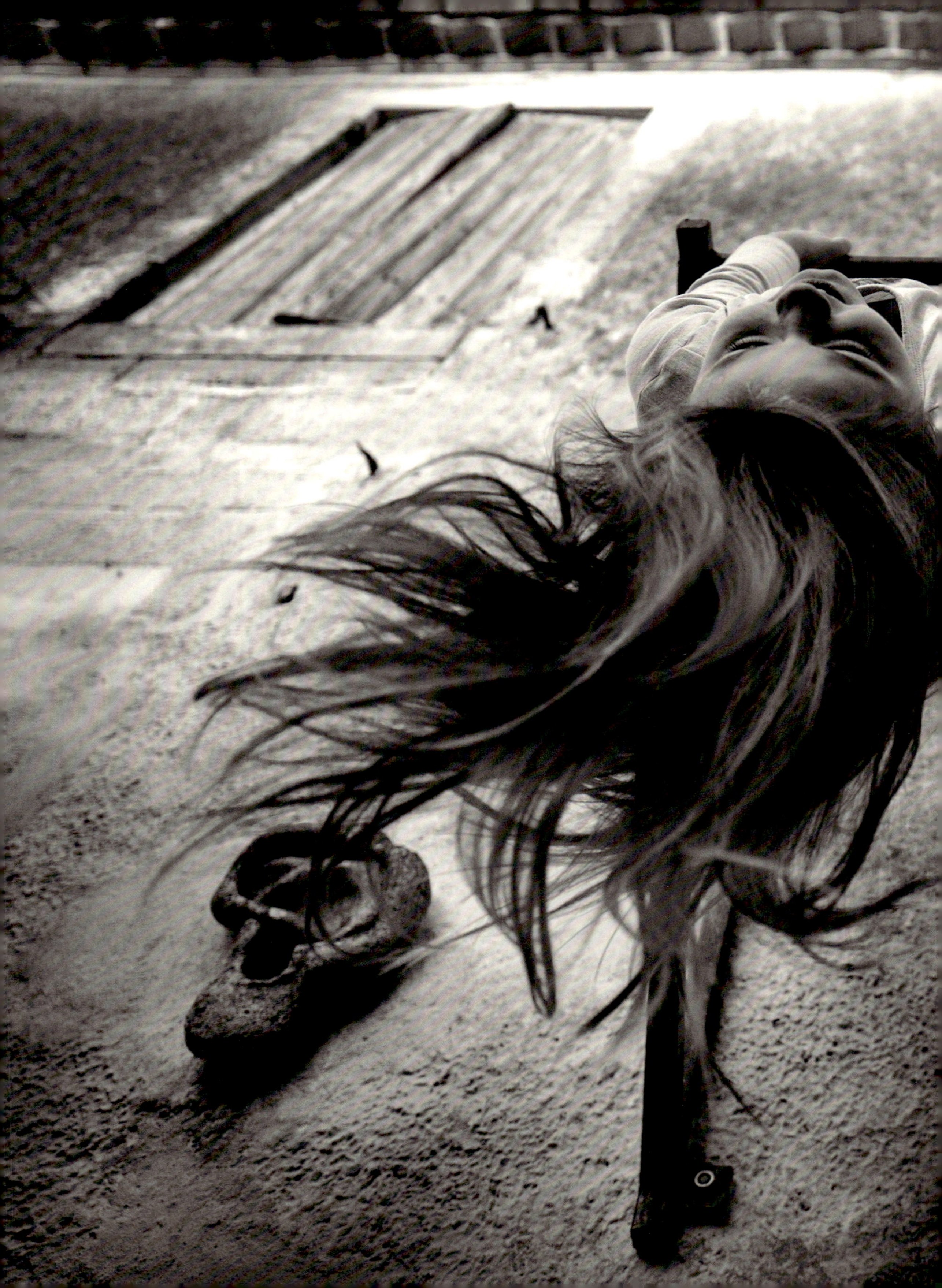

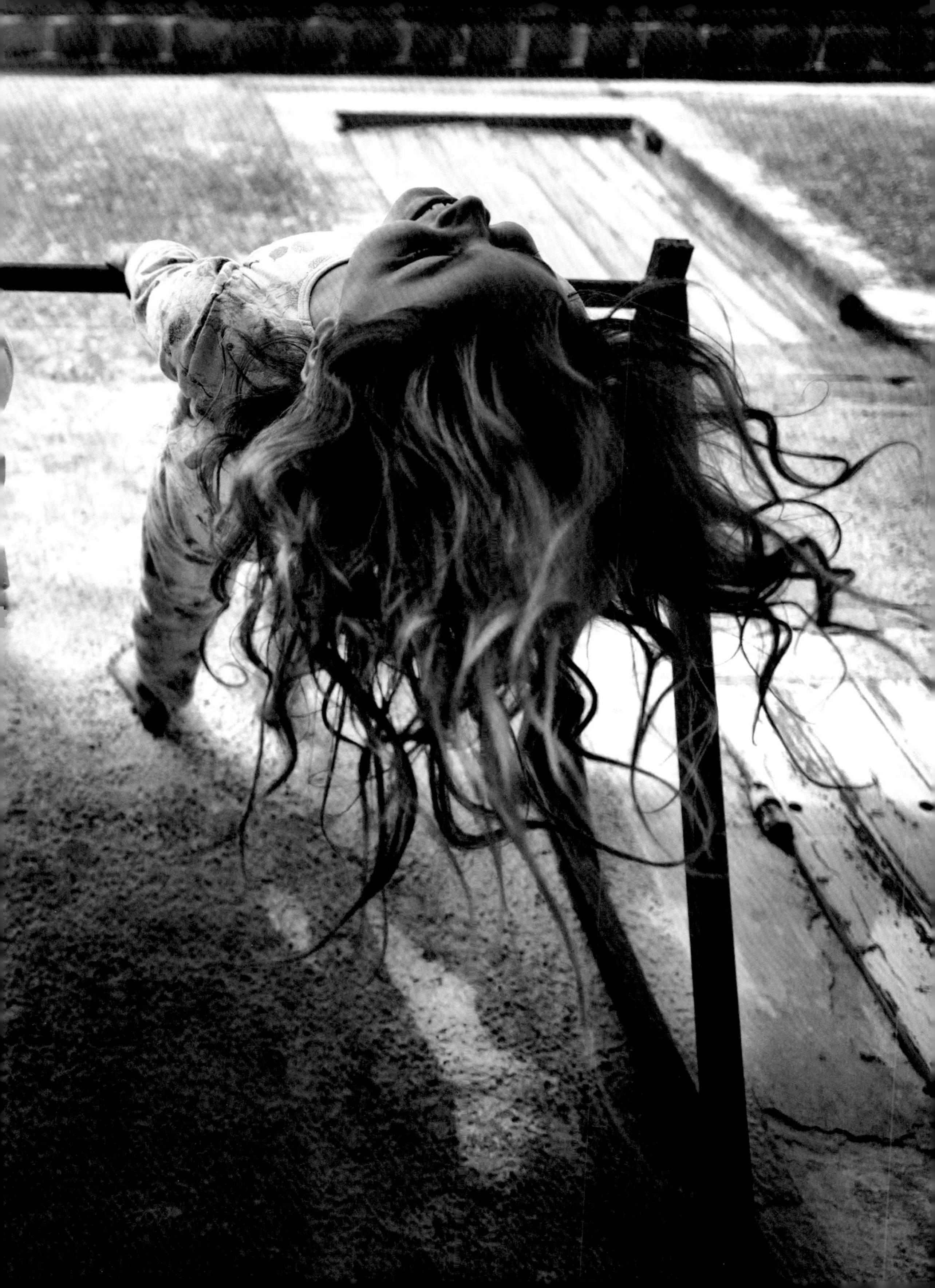

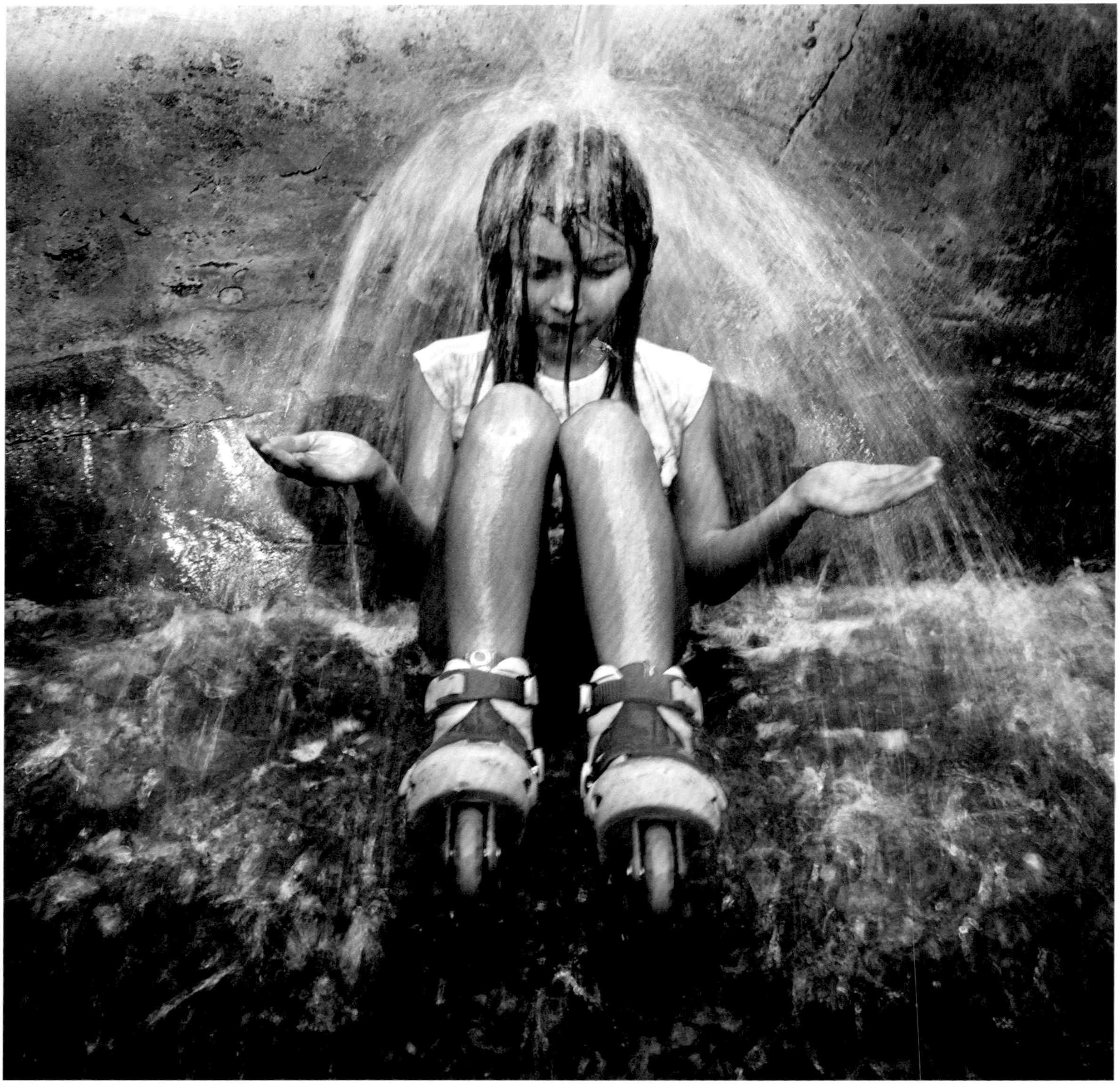

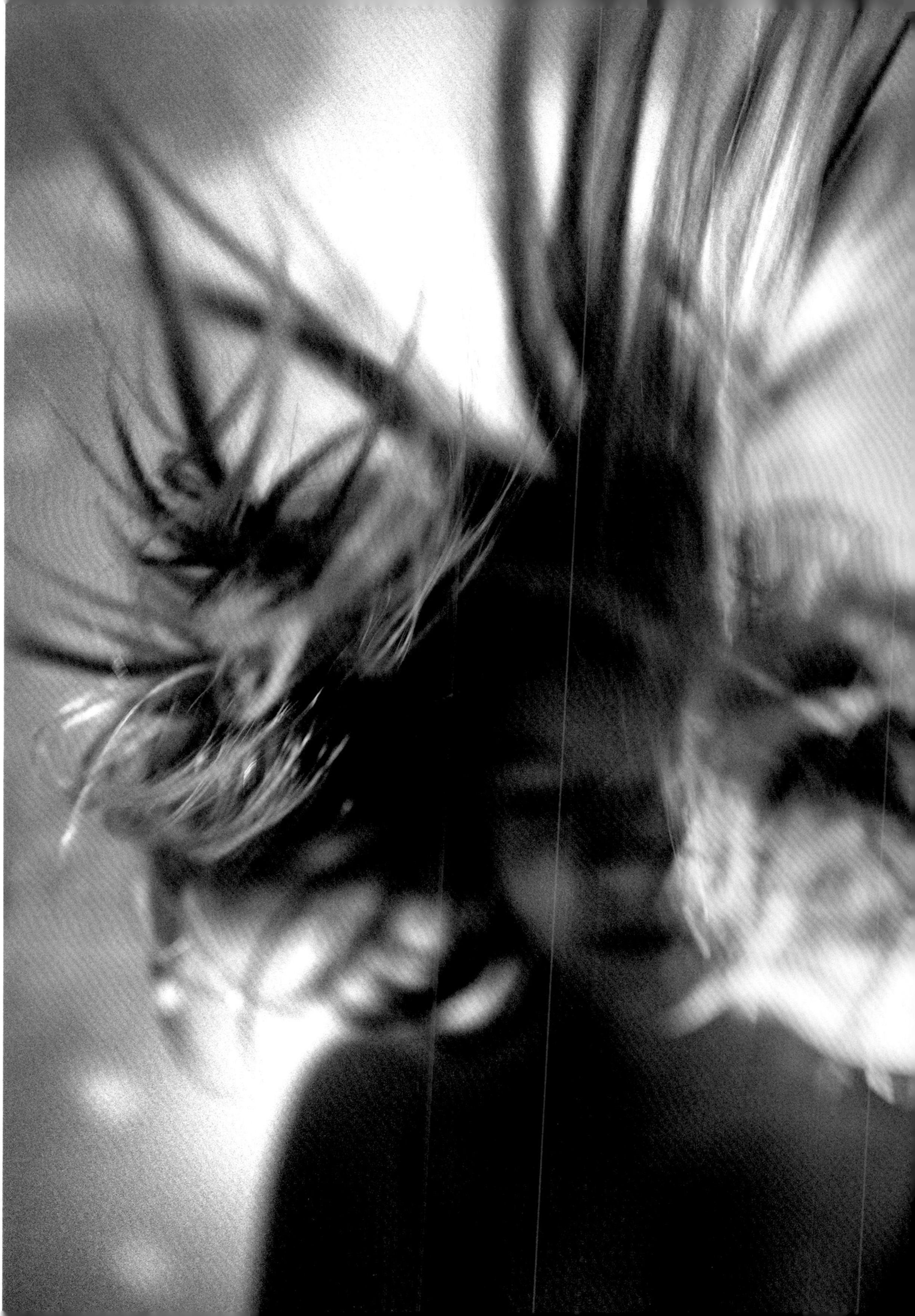

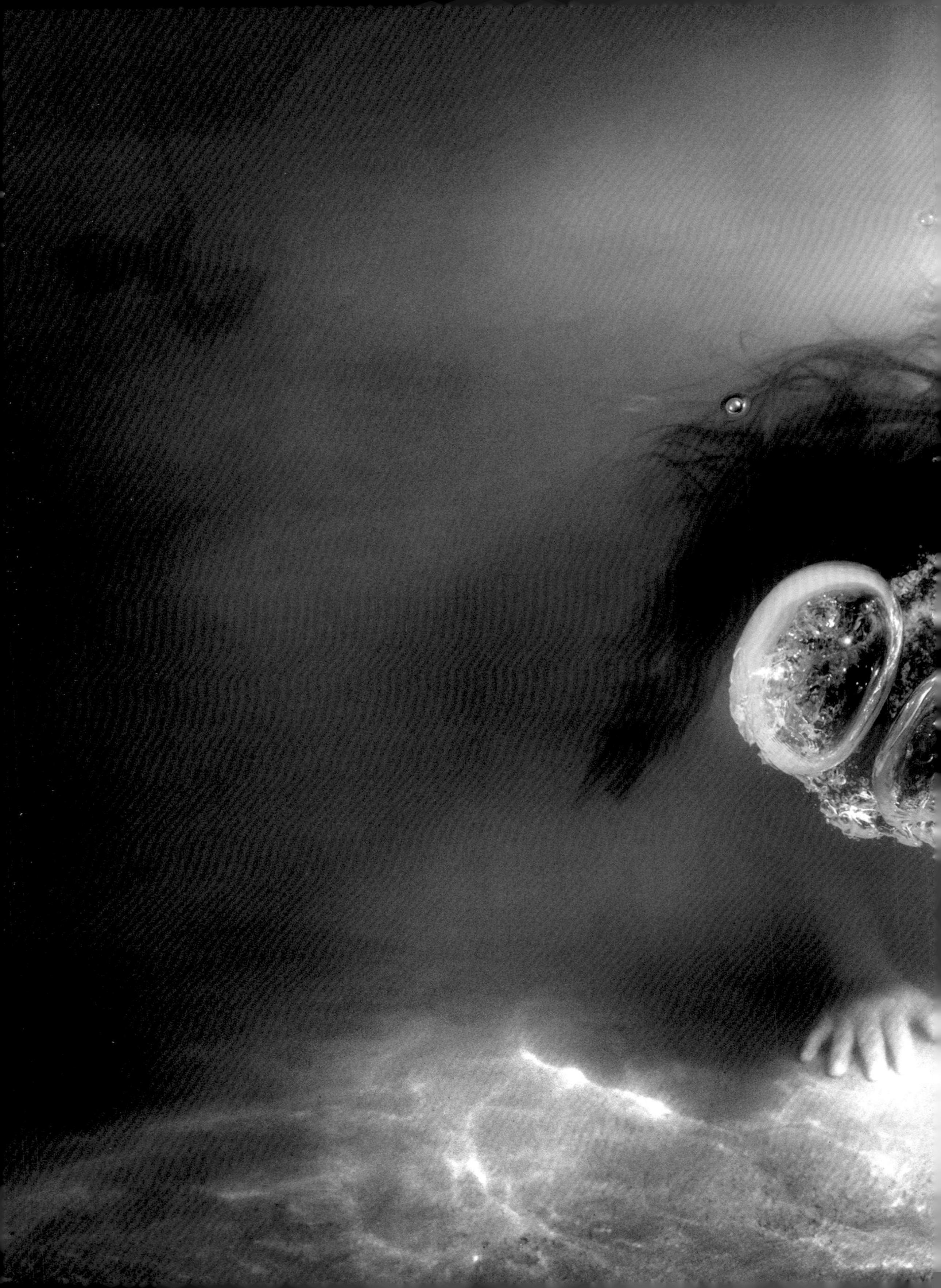

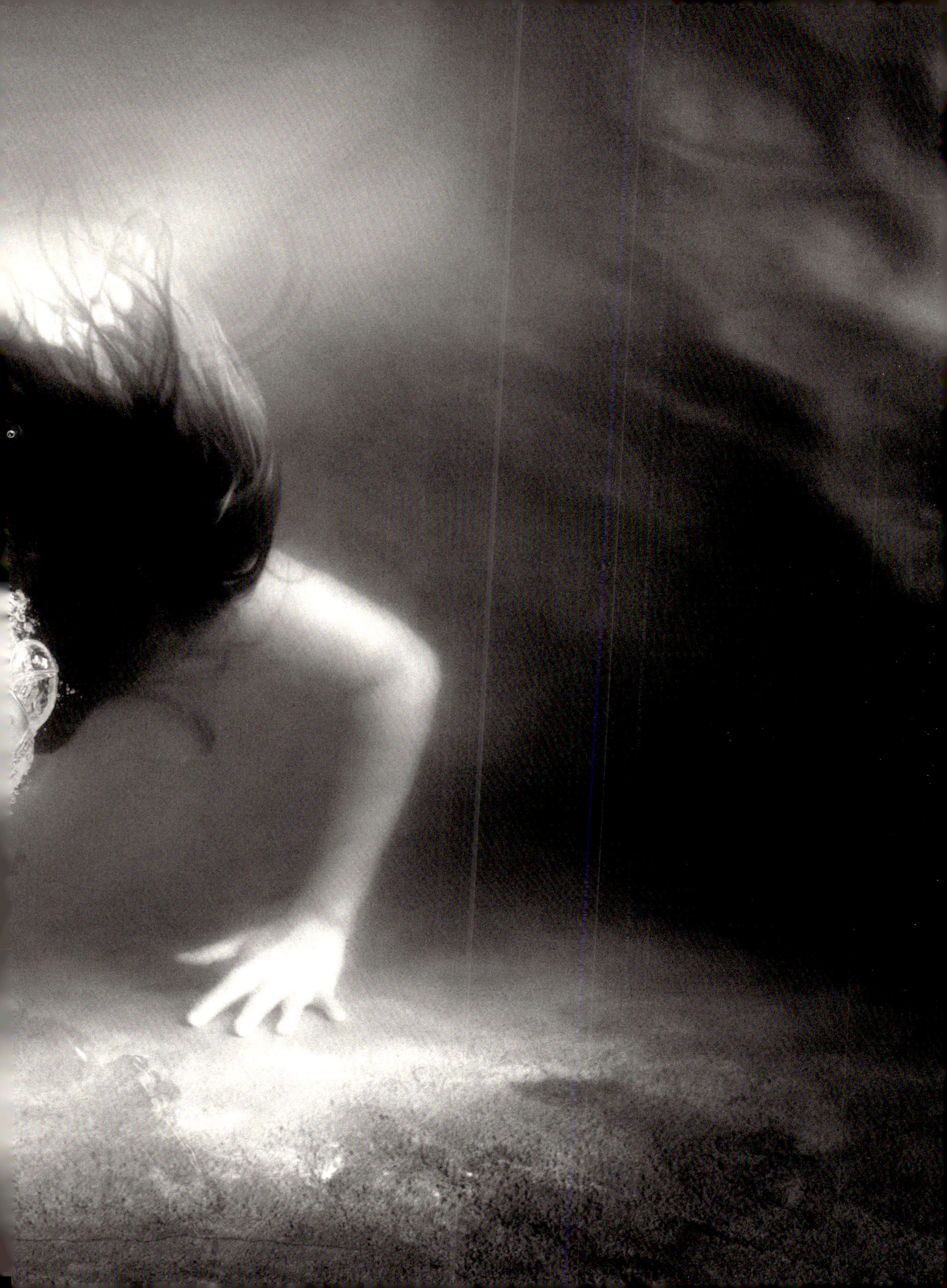

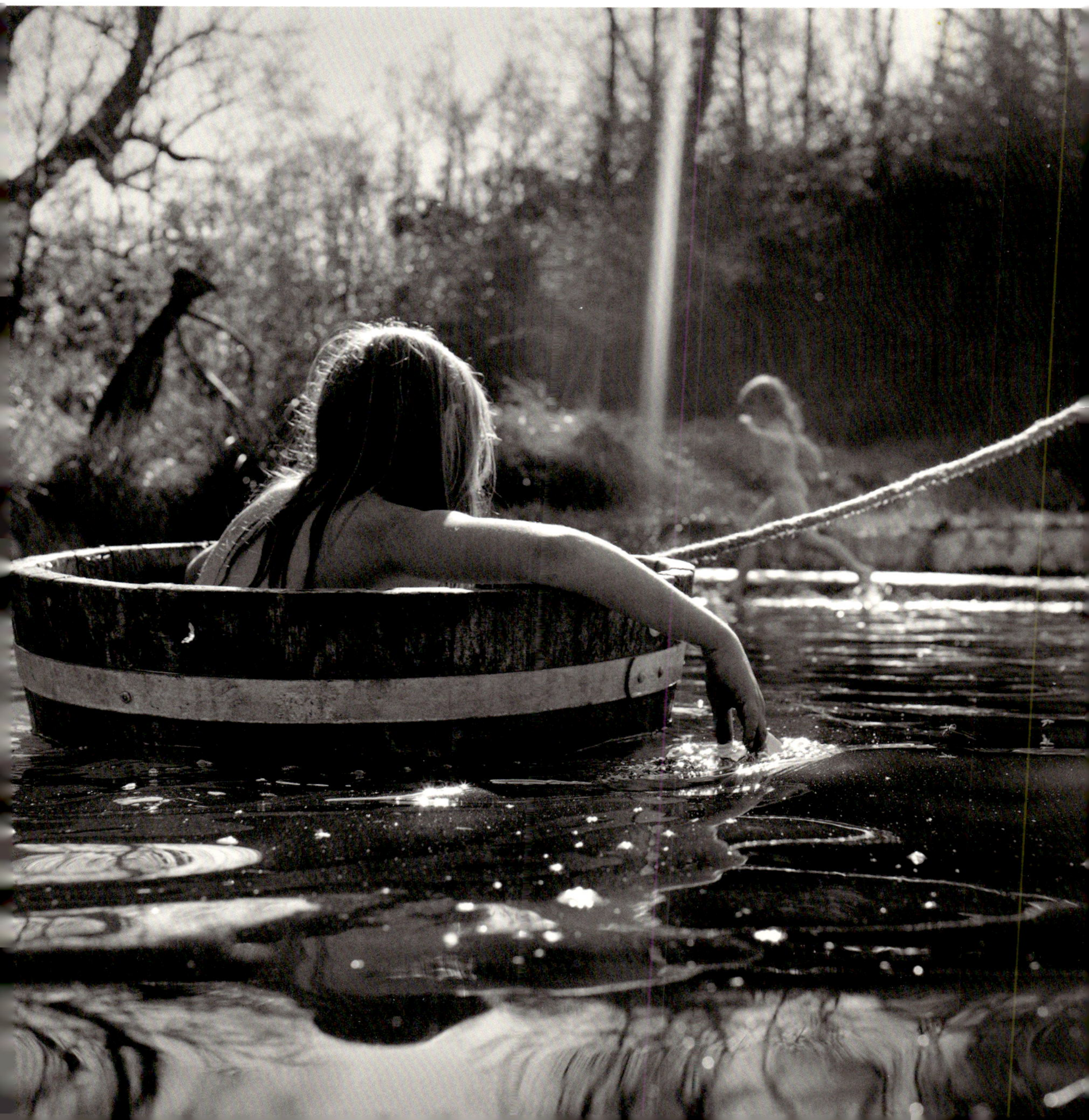

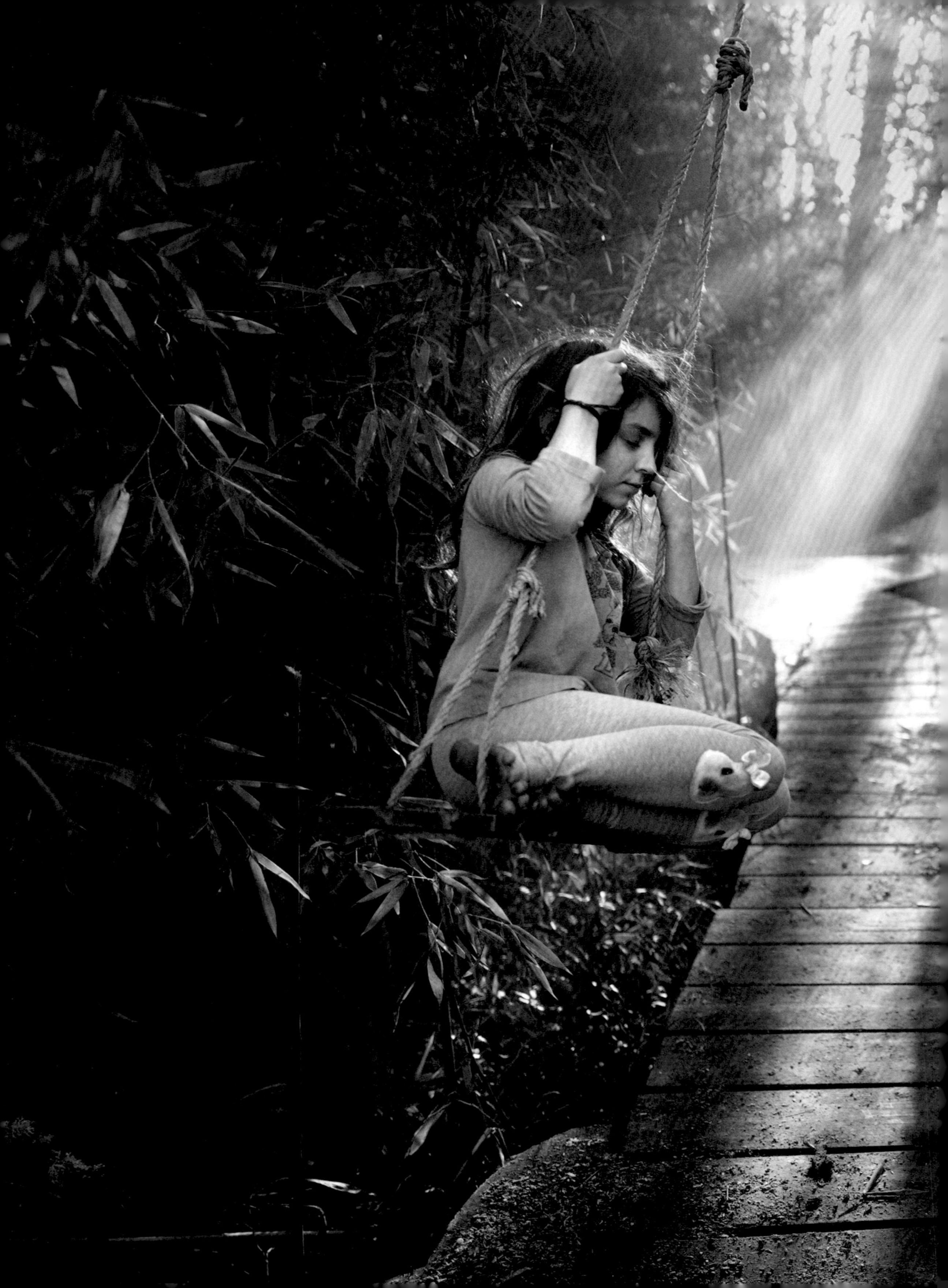

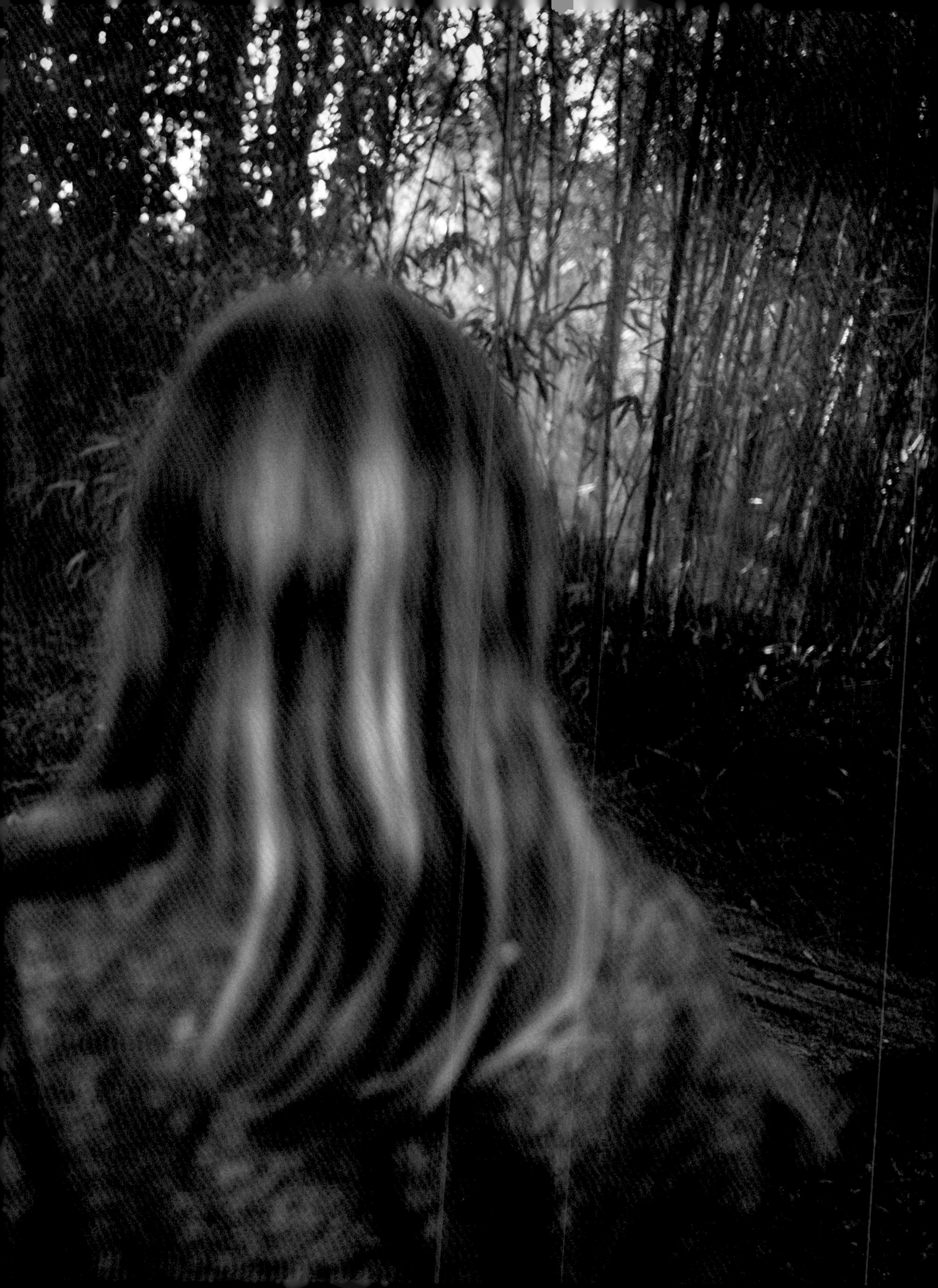

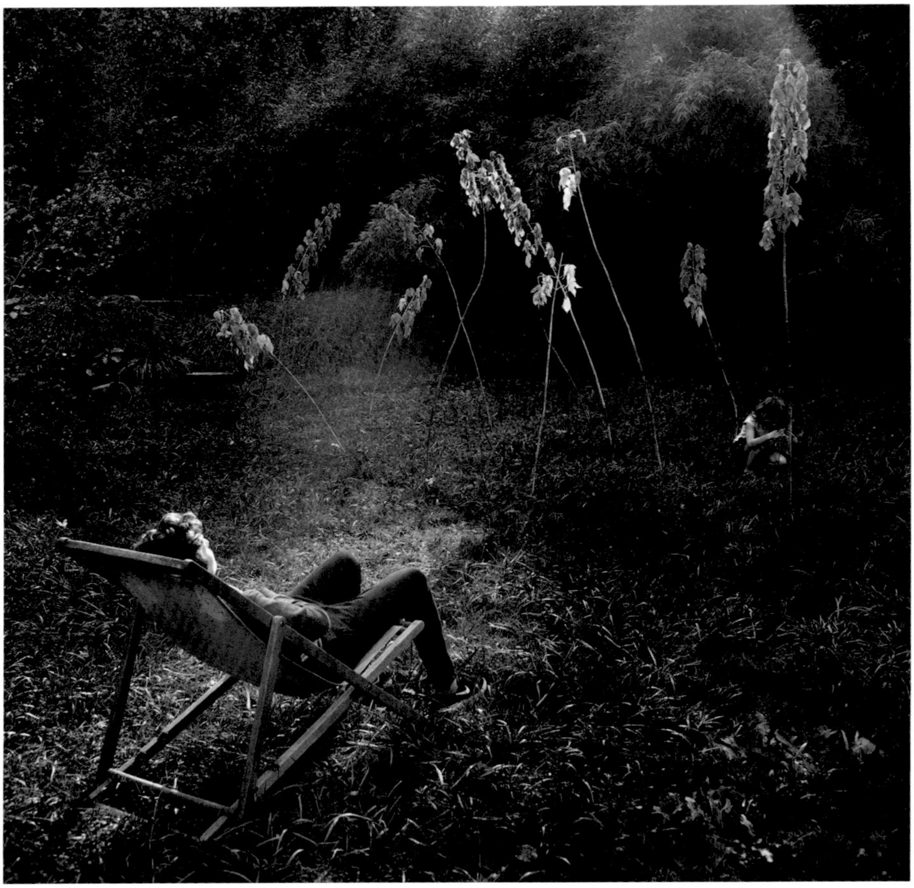

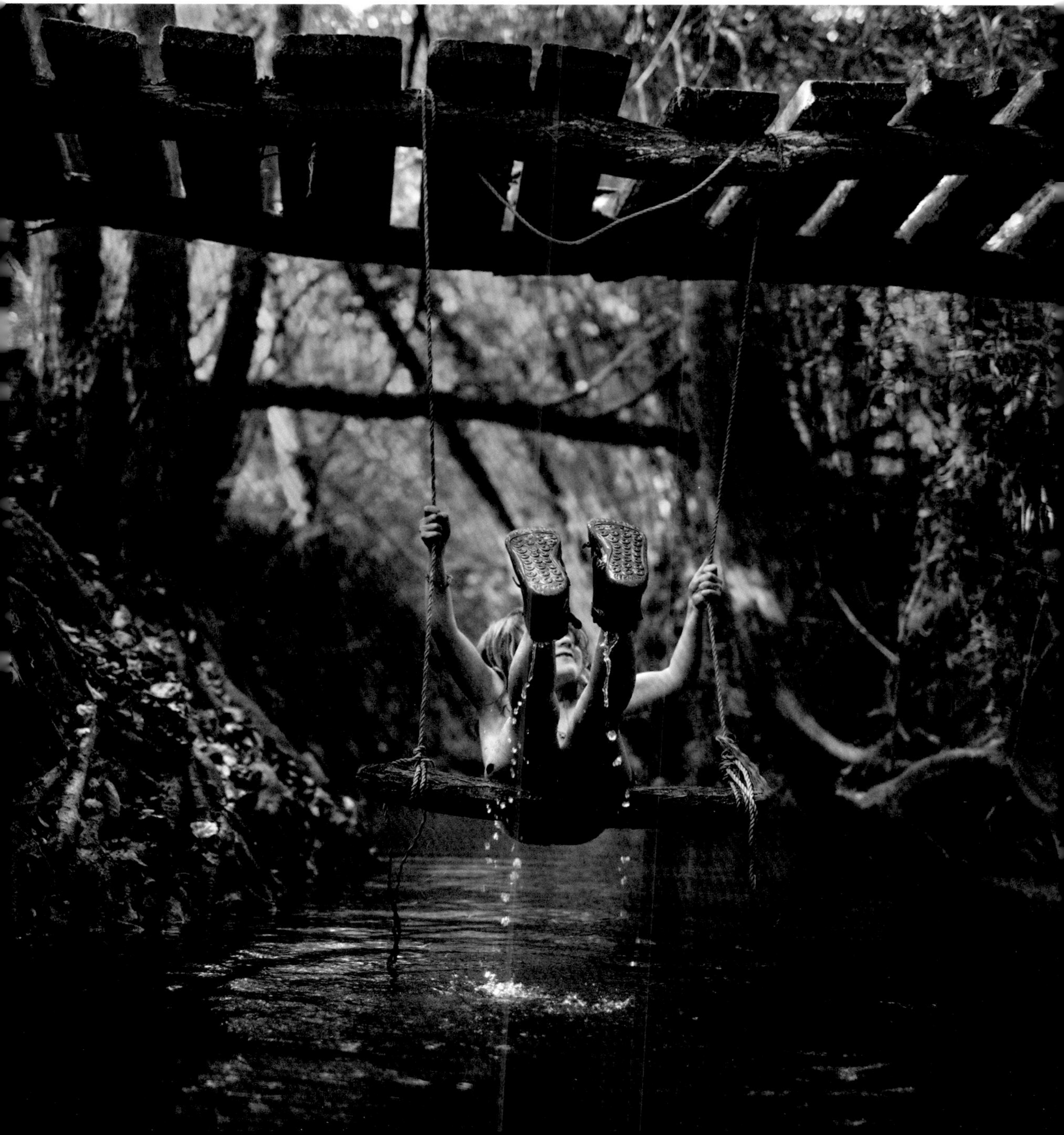

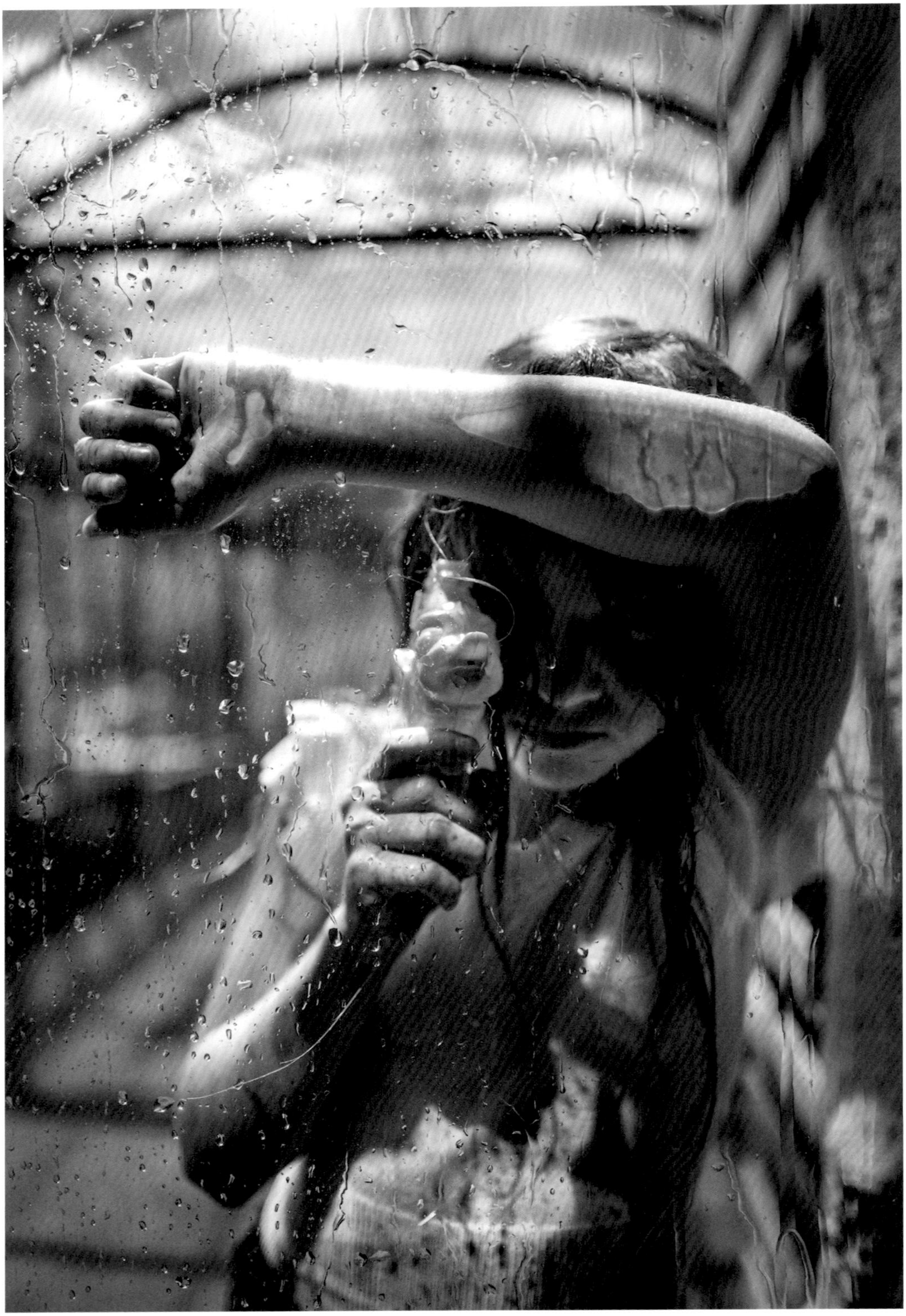

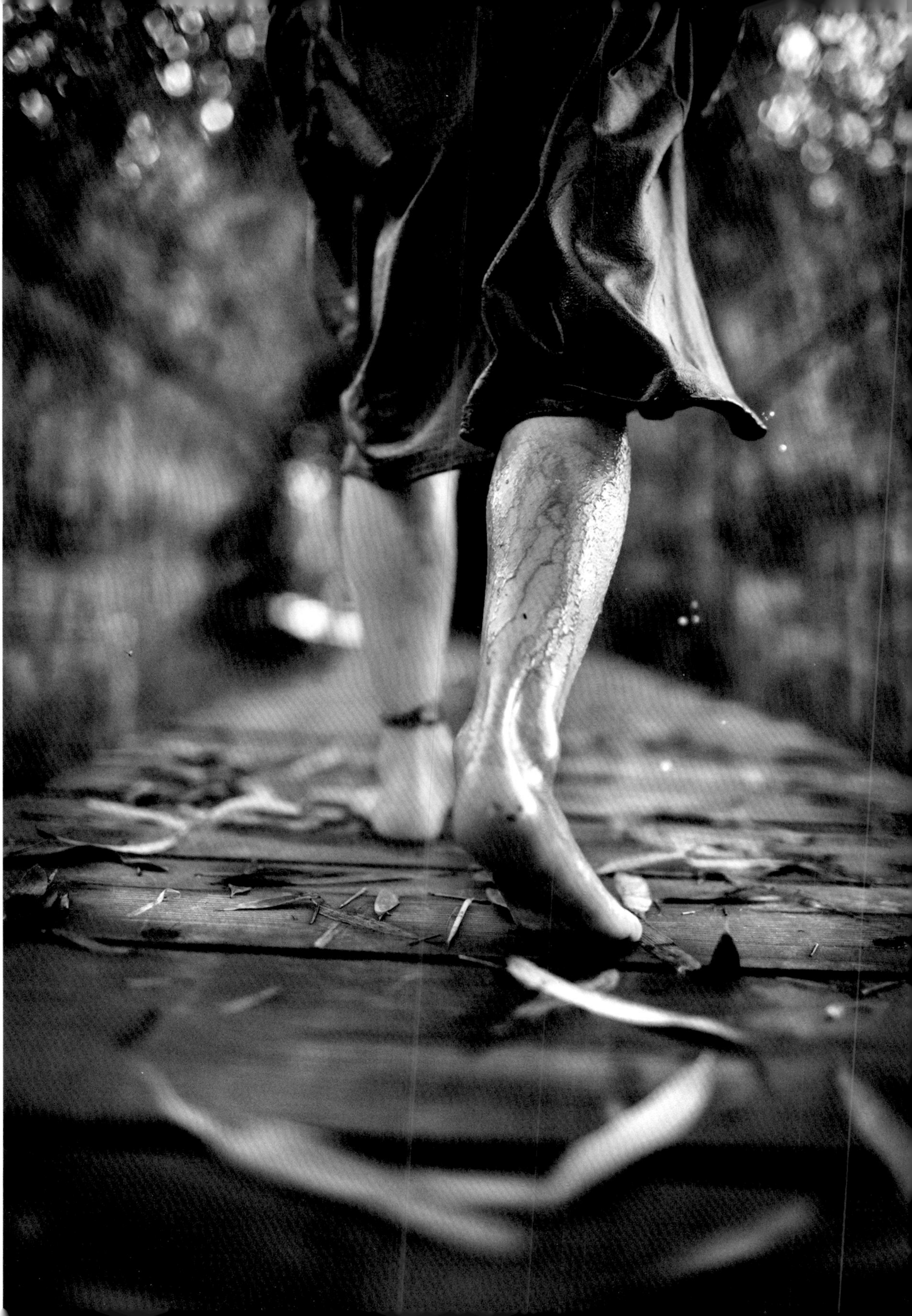

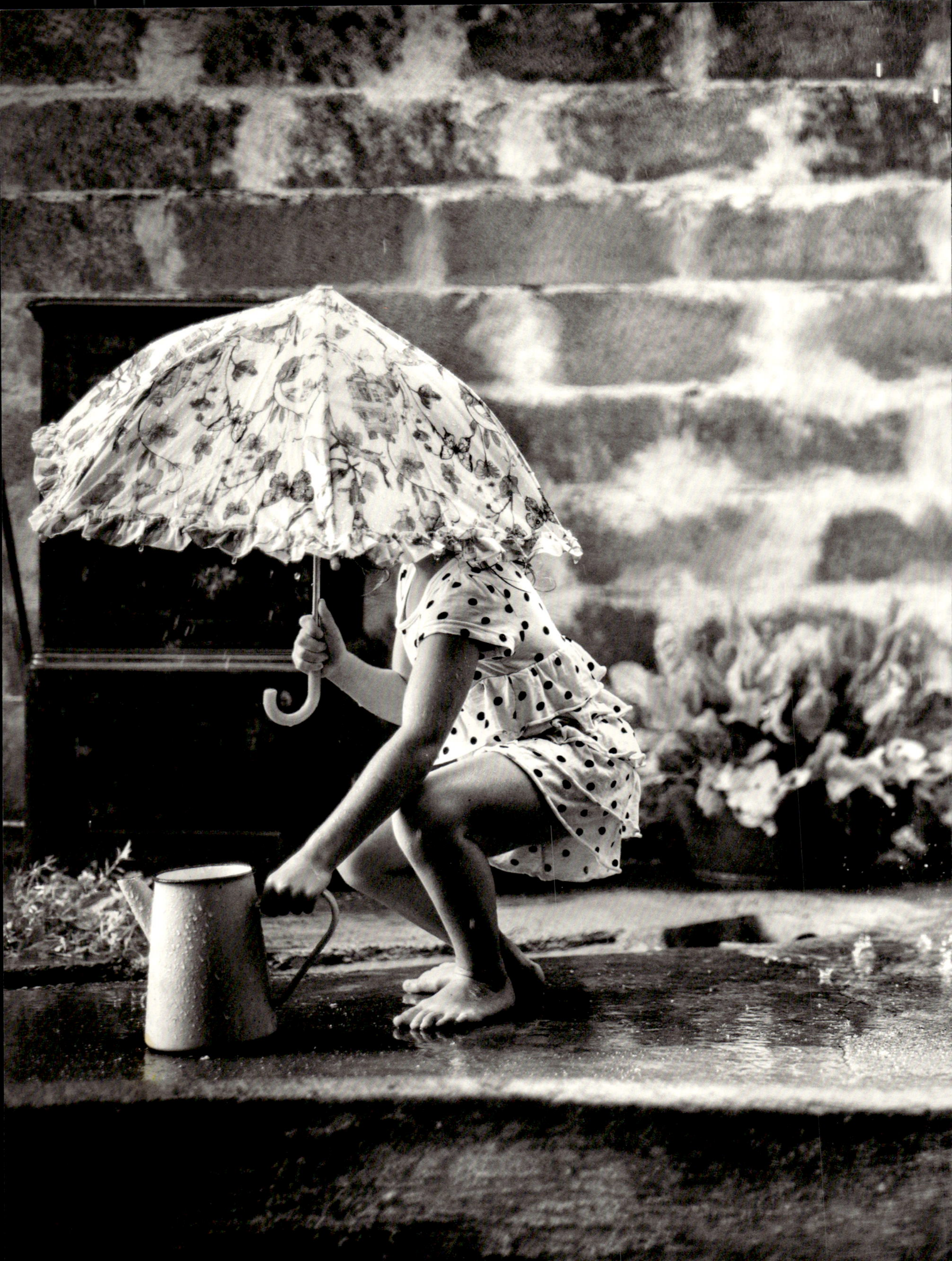

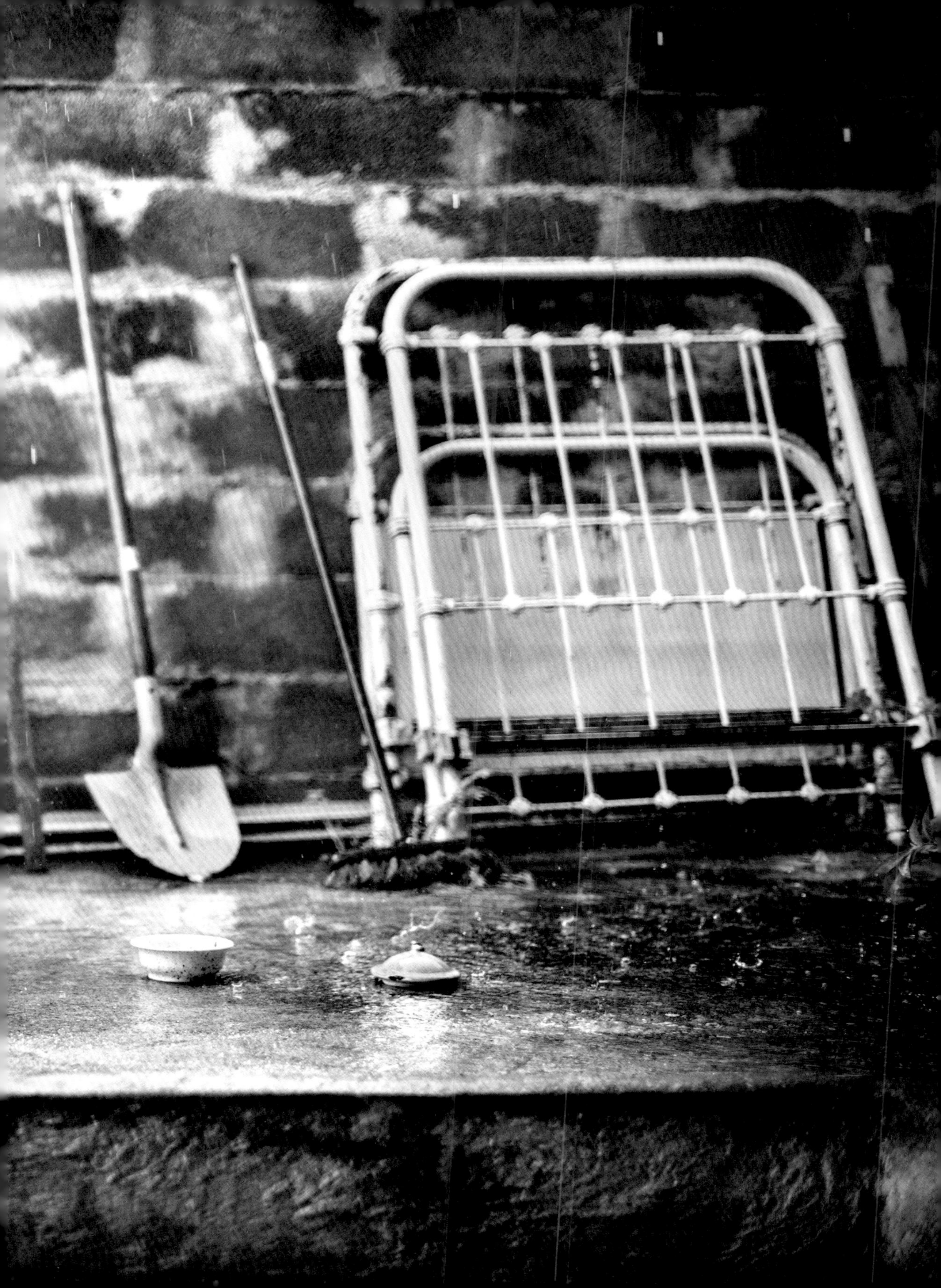

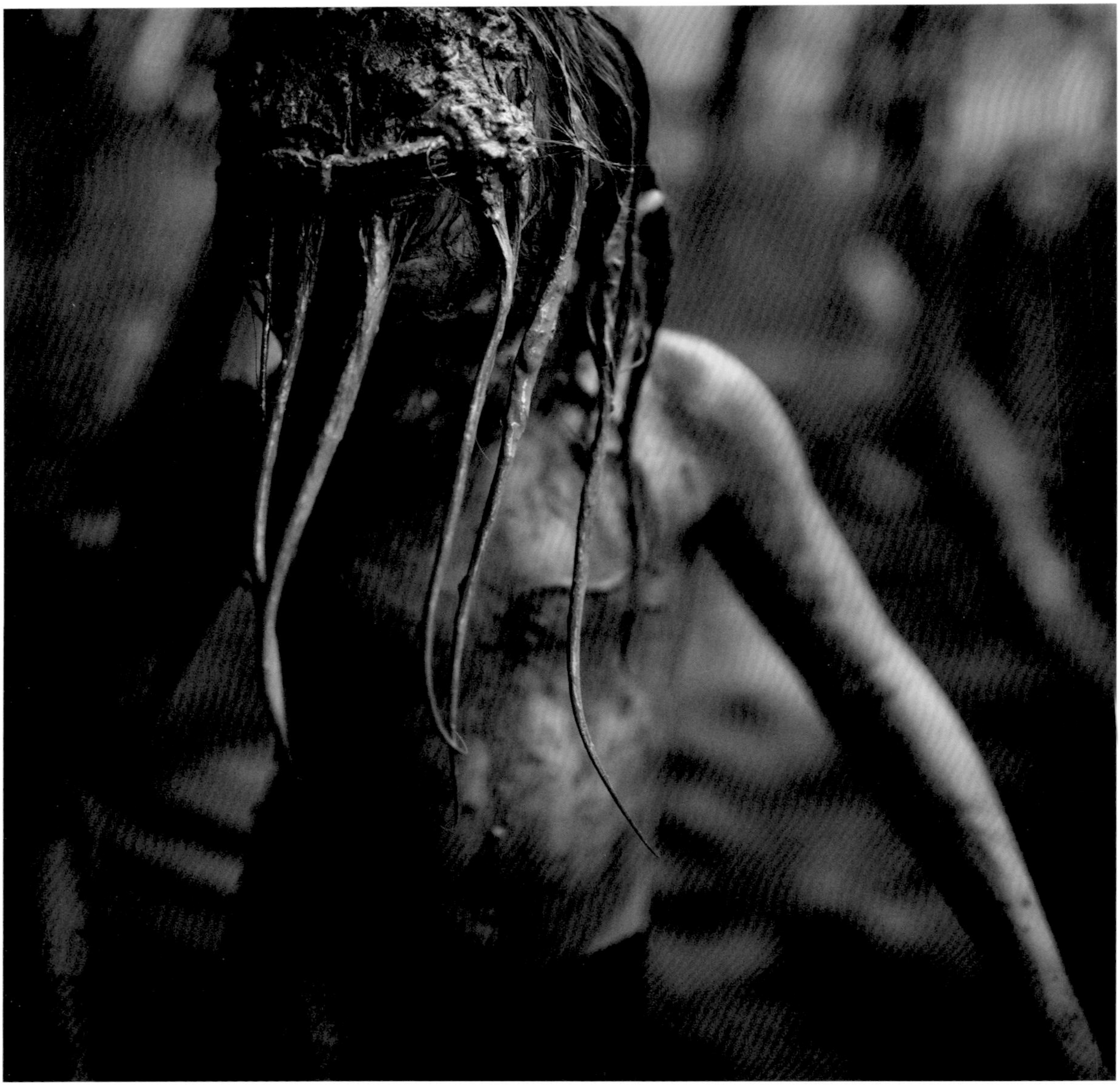

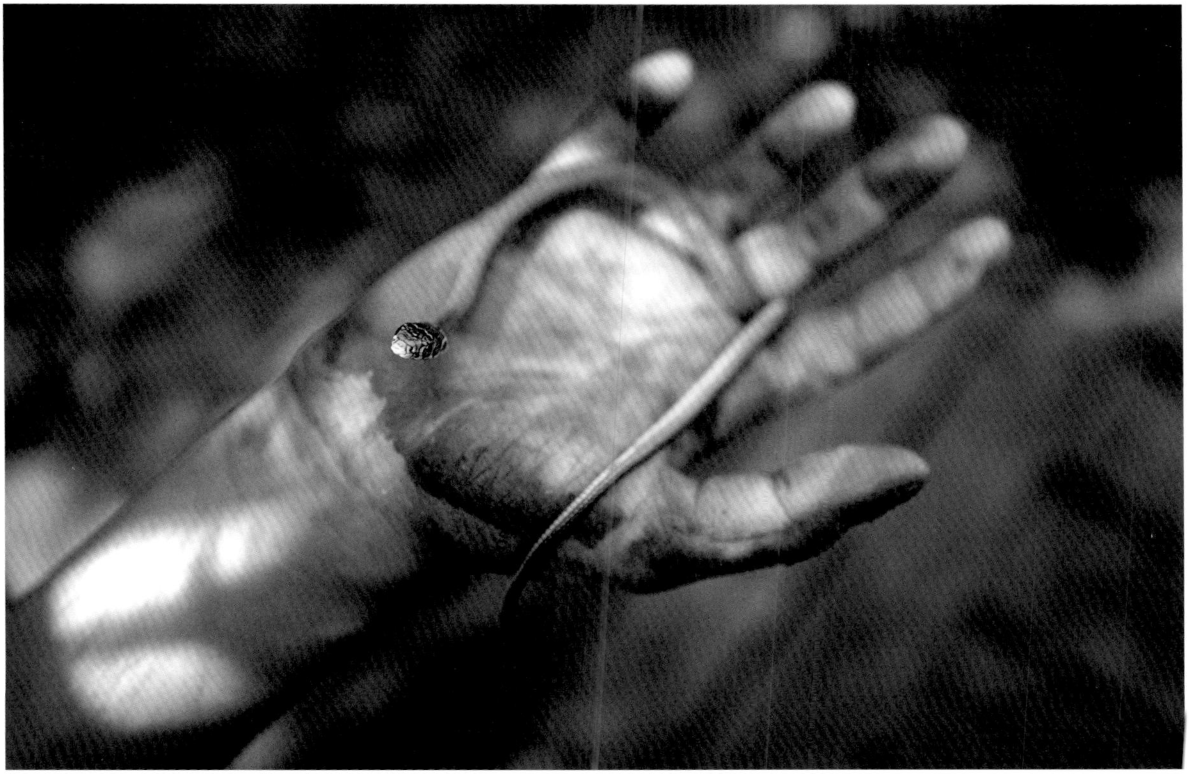

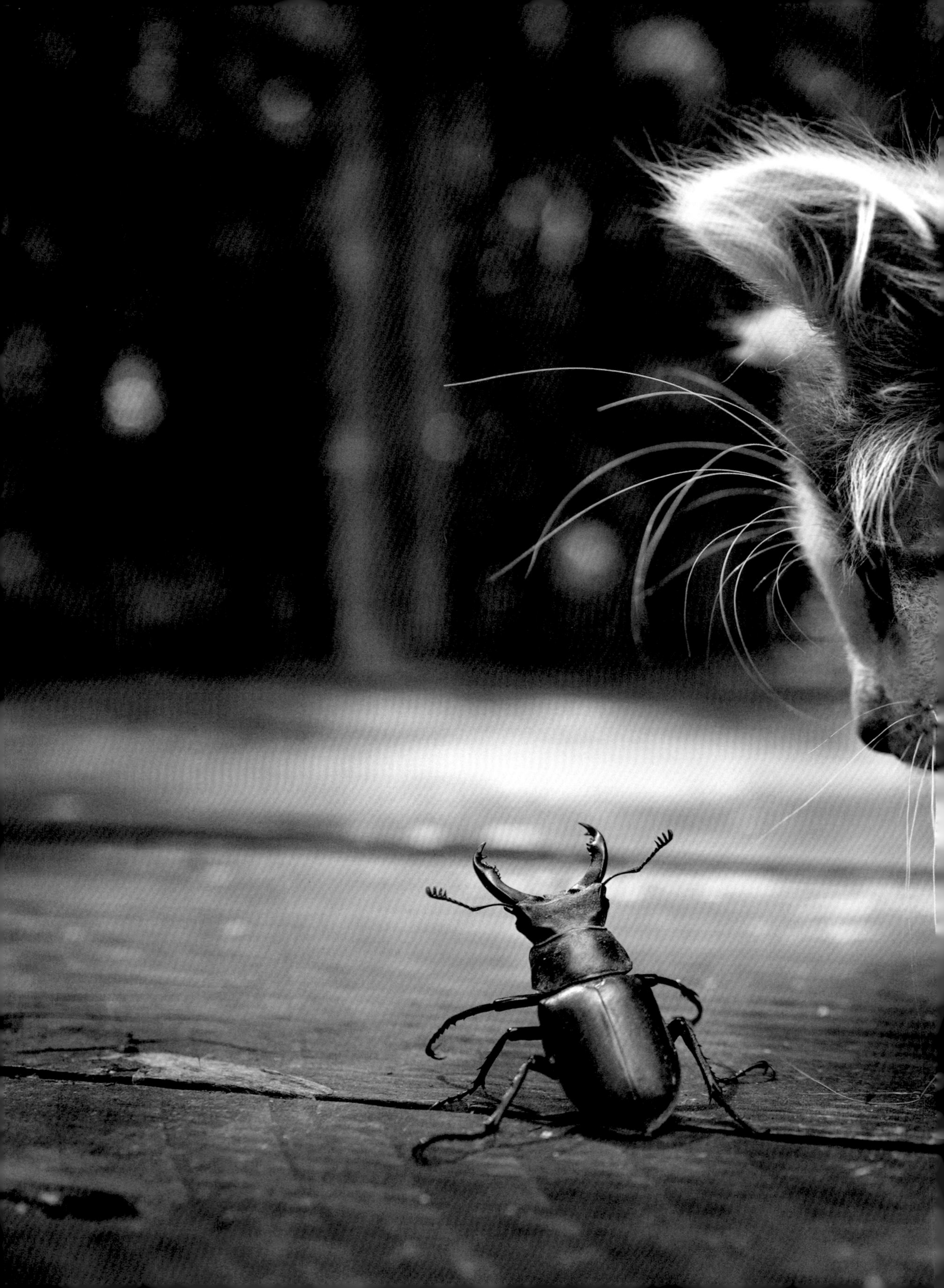

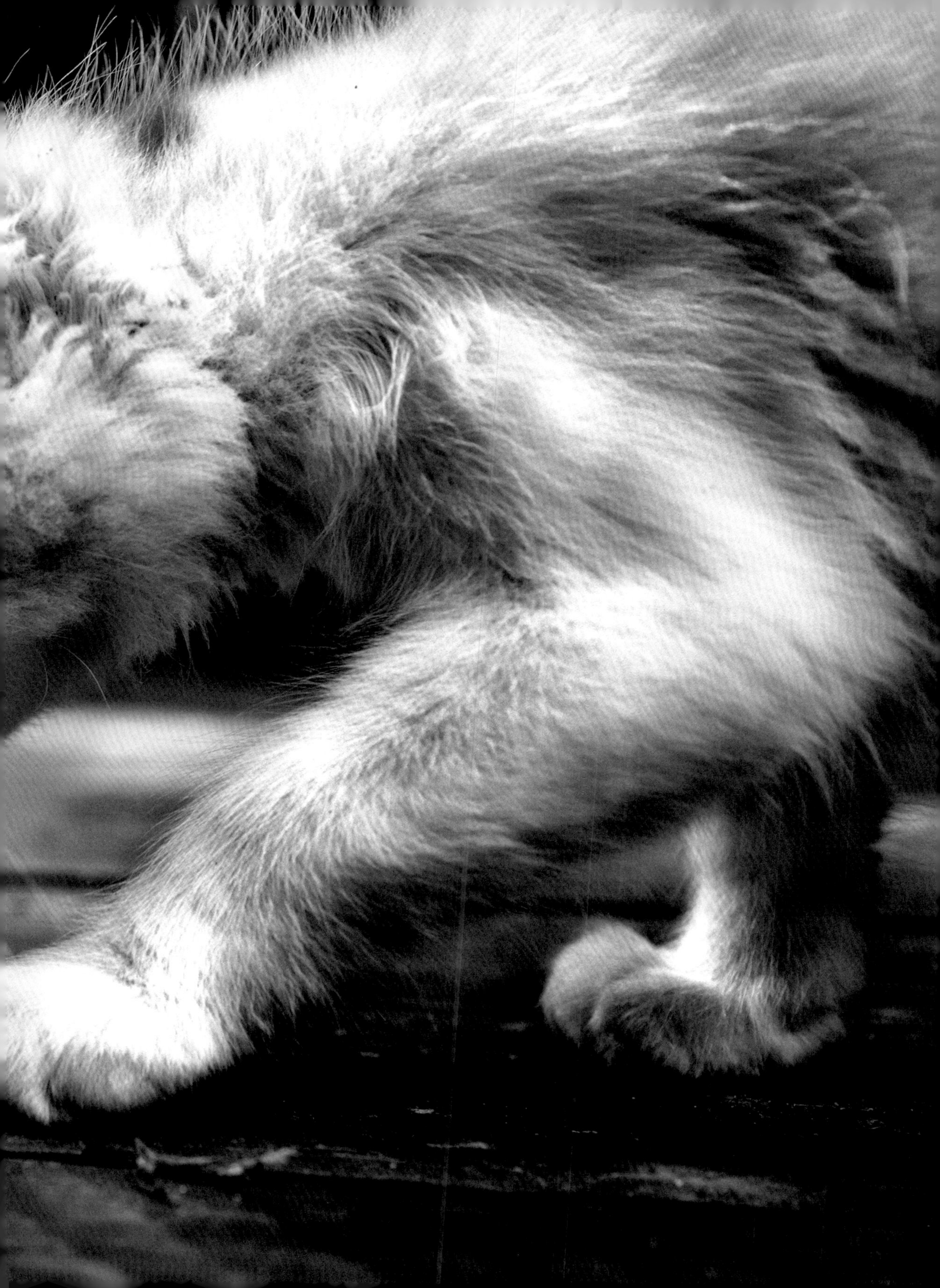

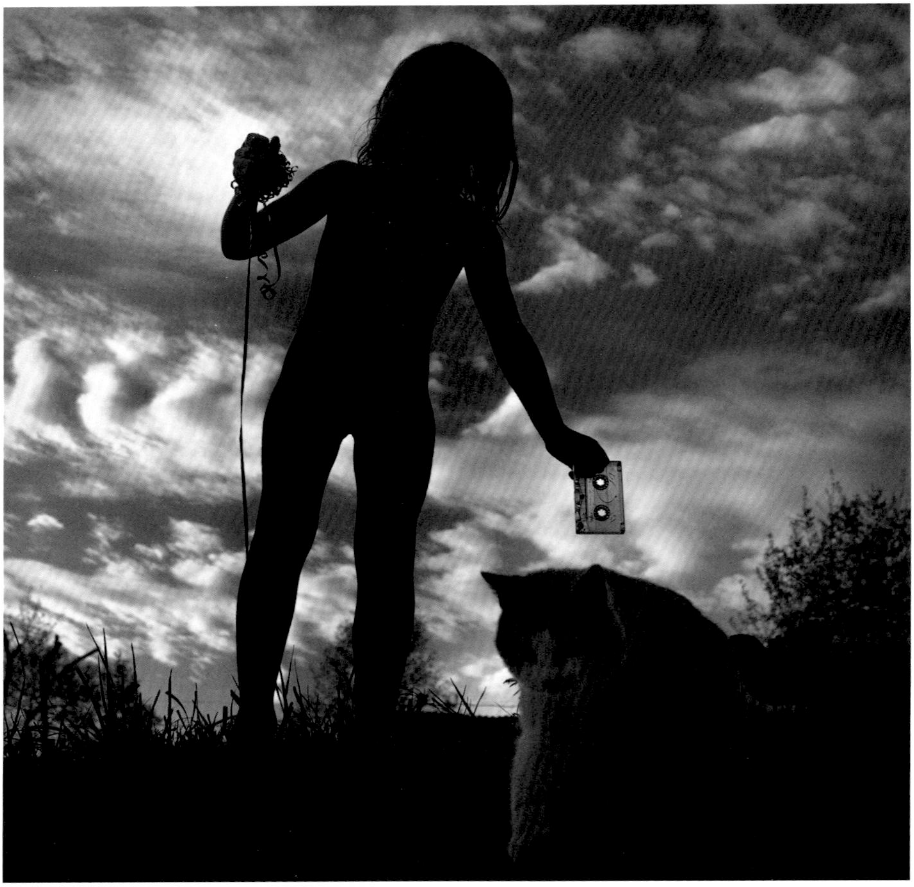

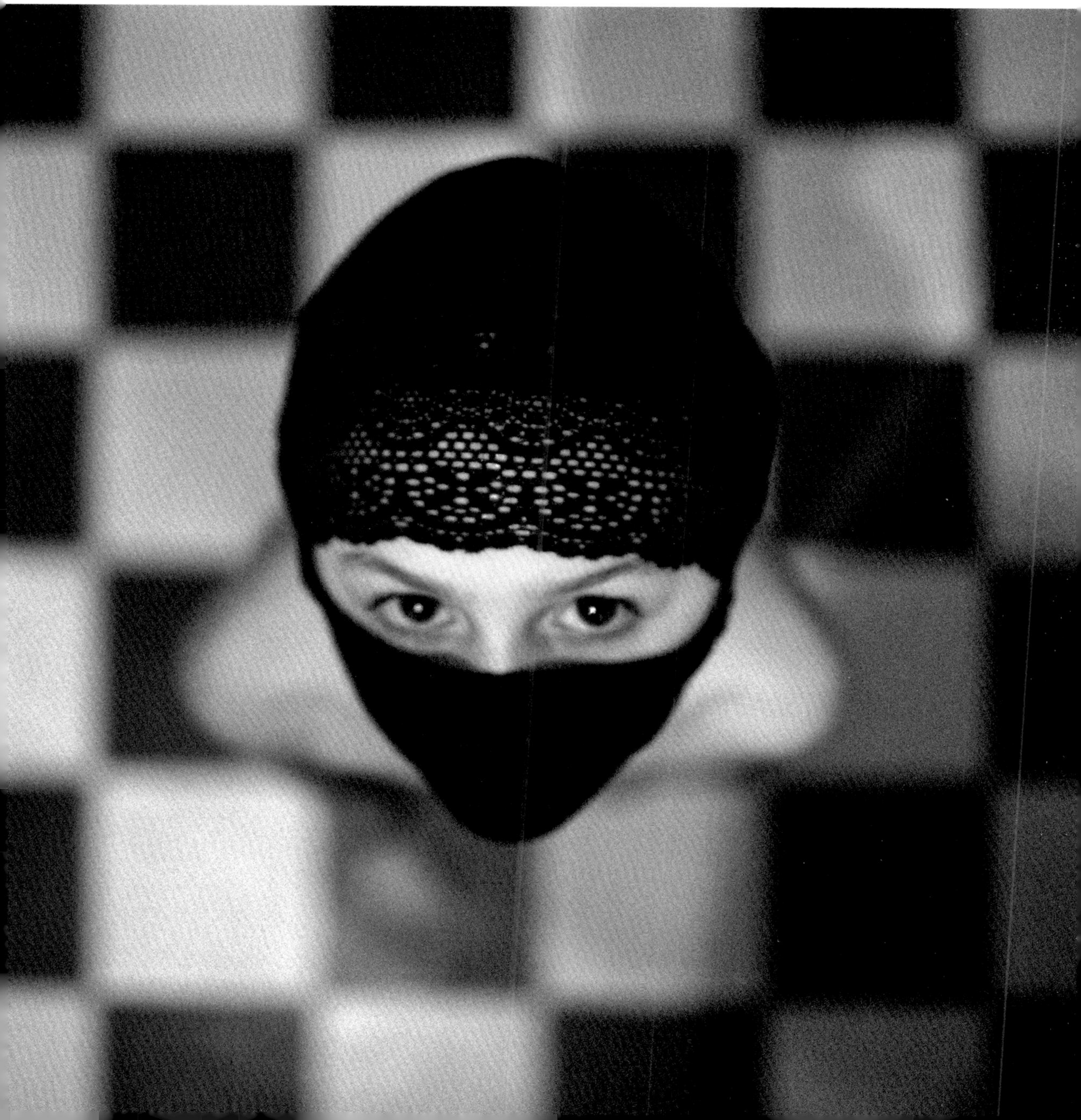

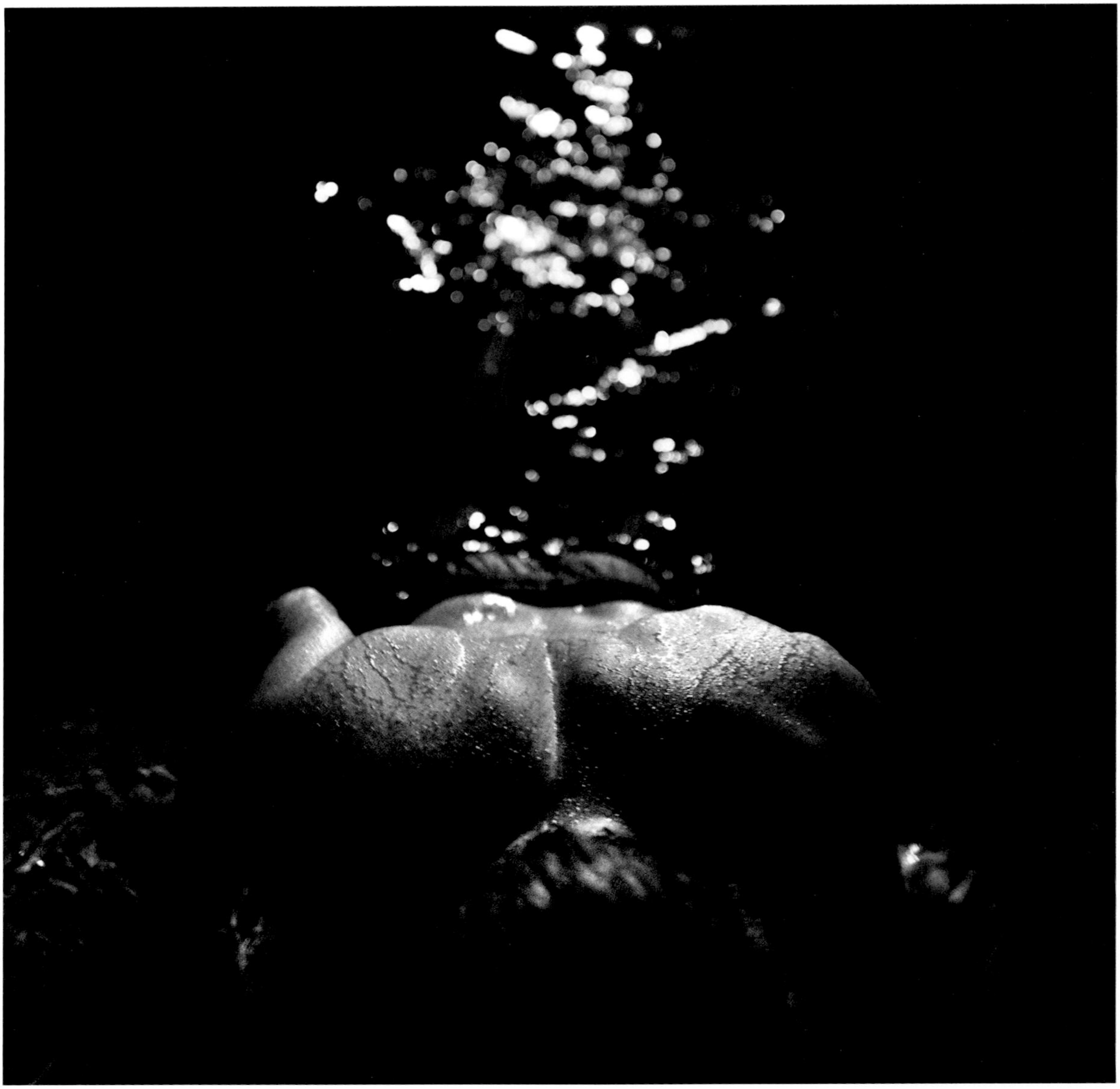

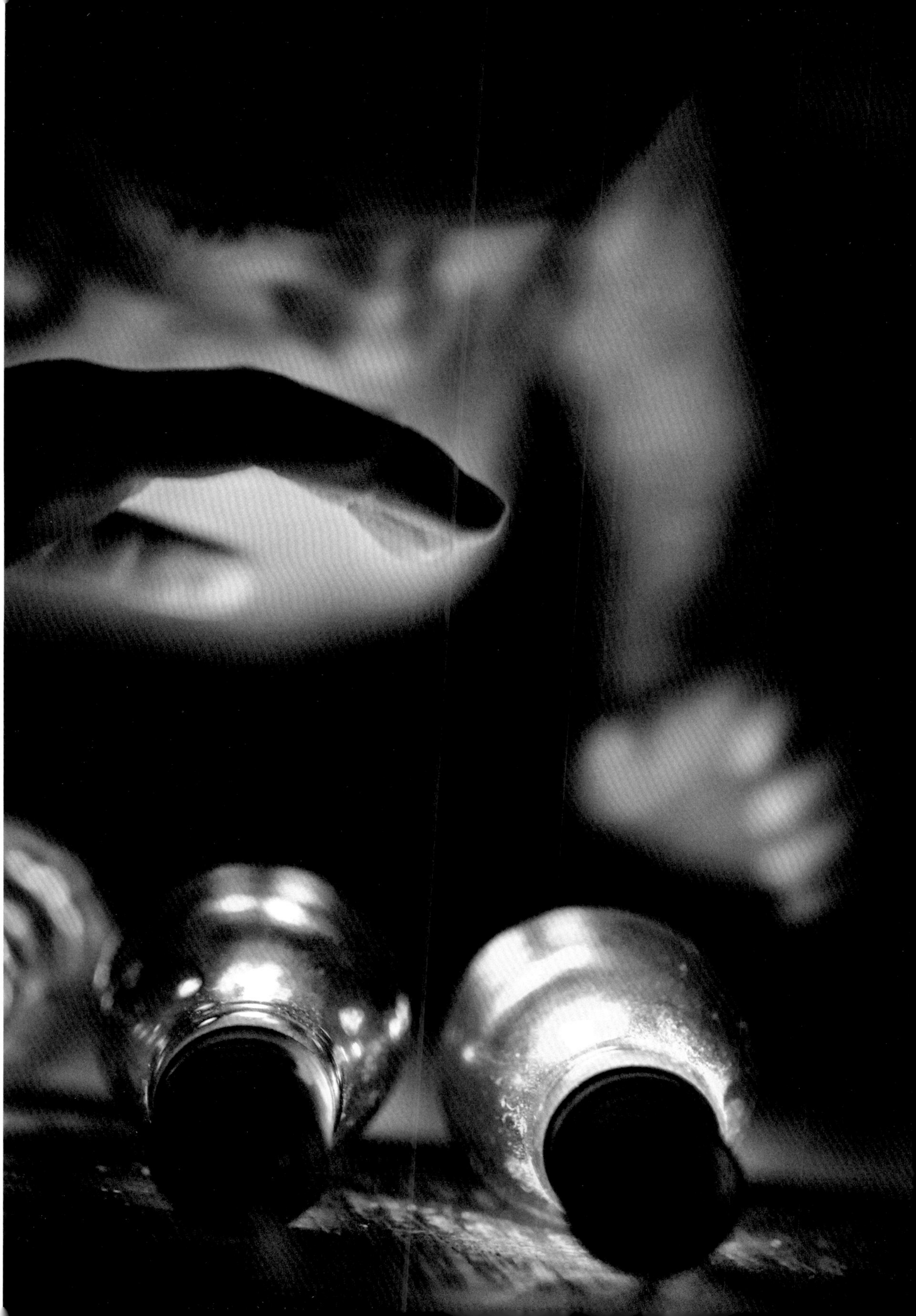

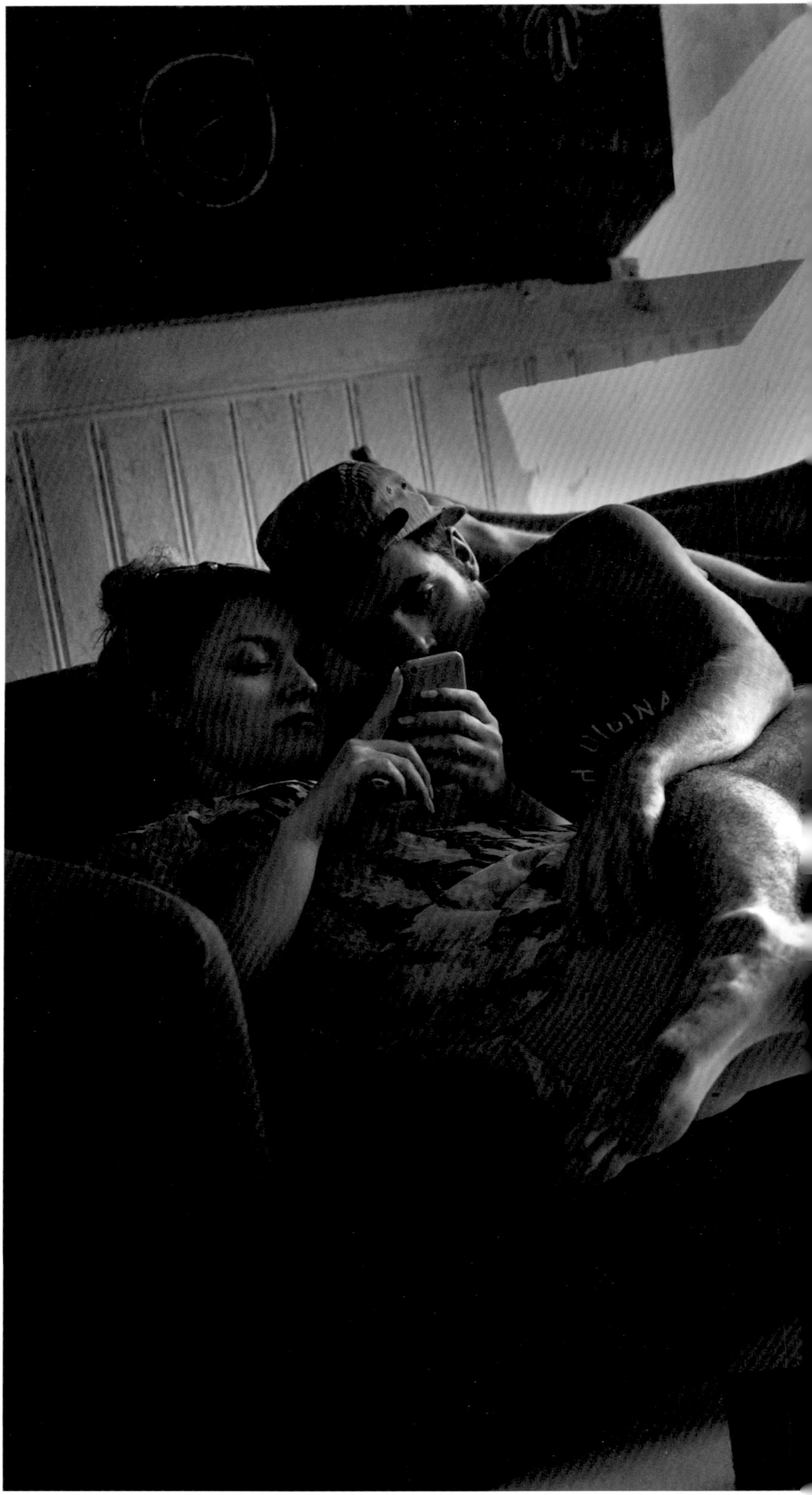

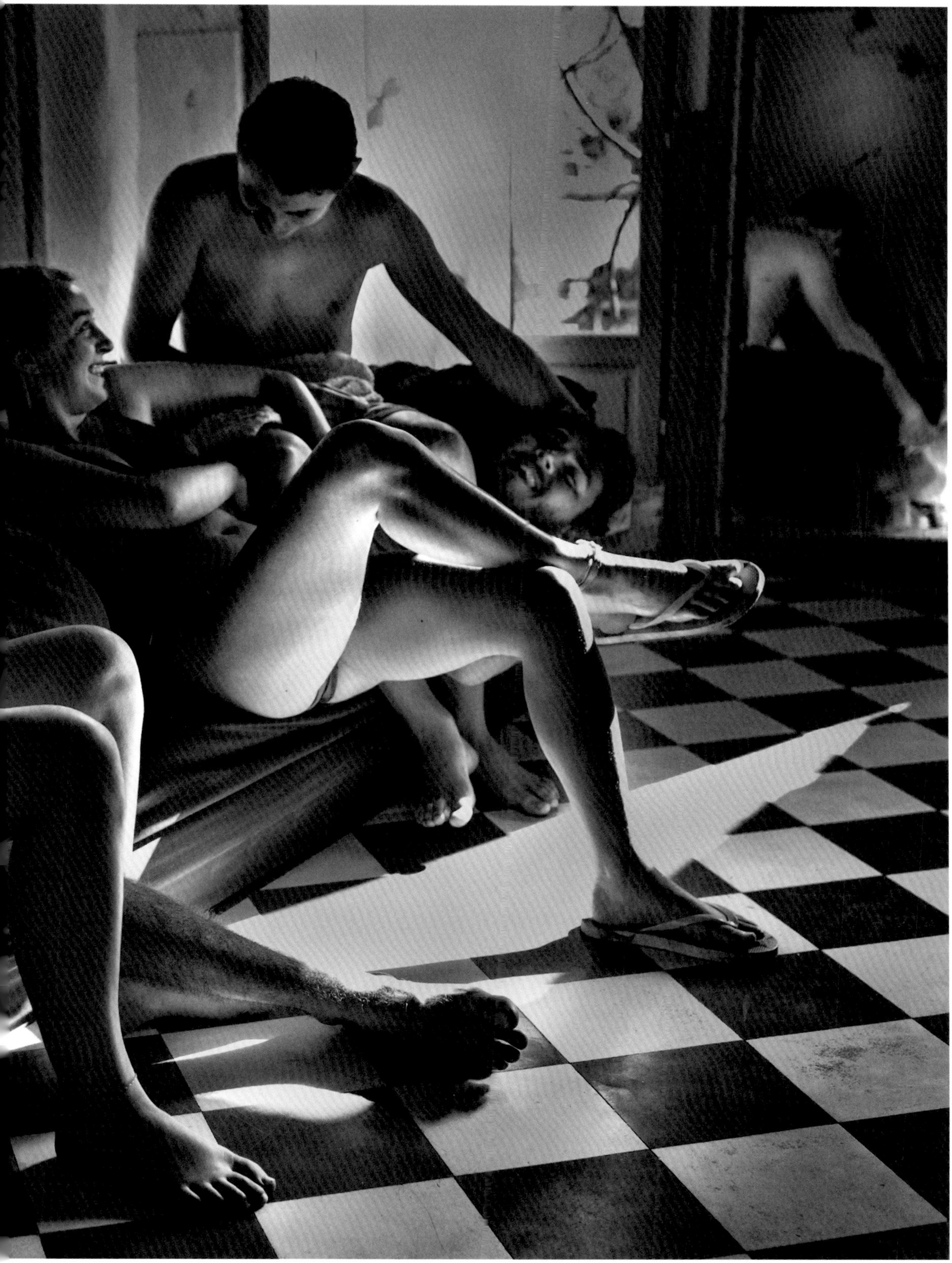

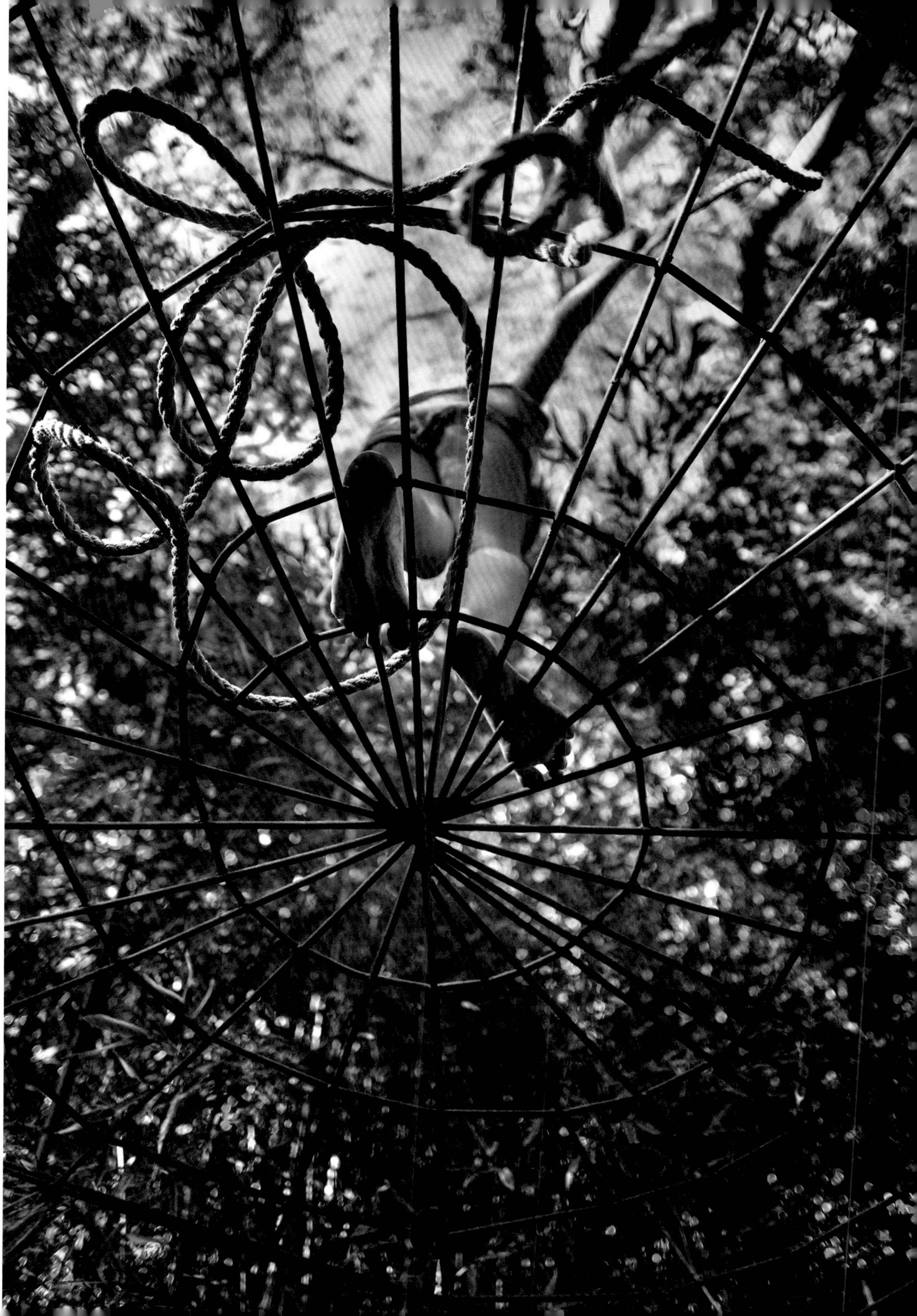

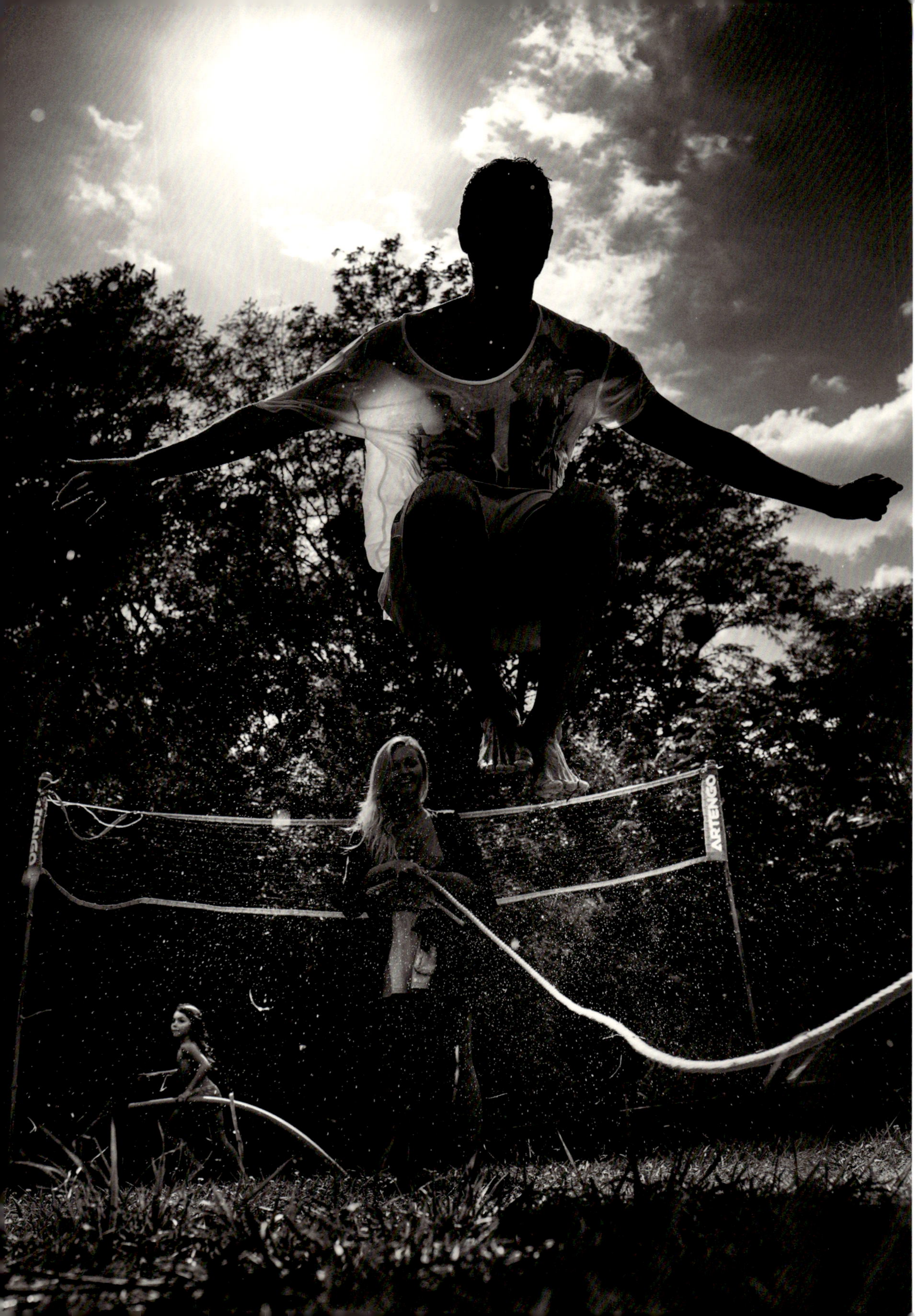
ARTENGO

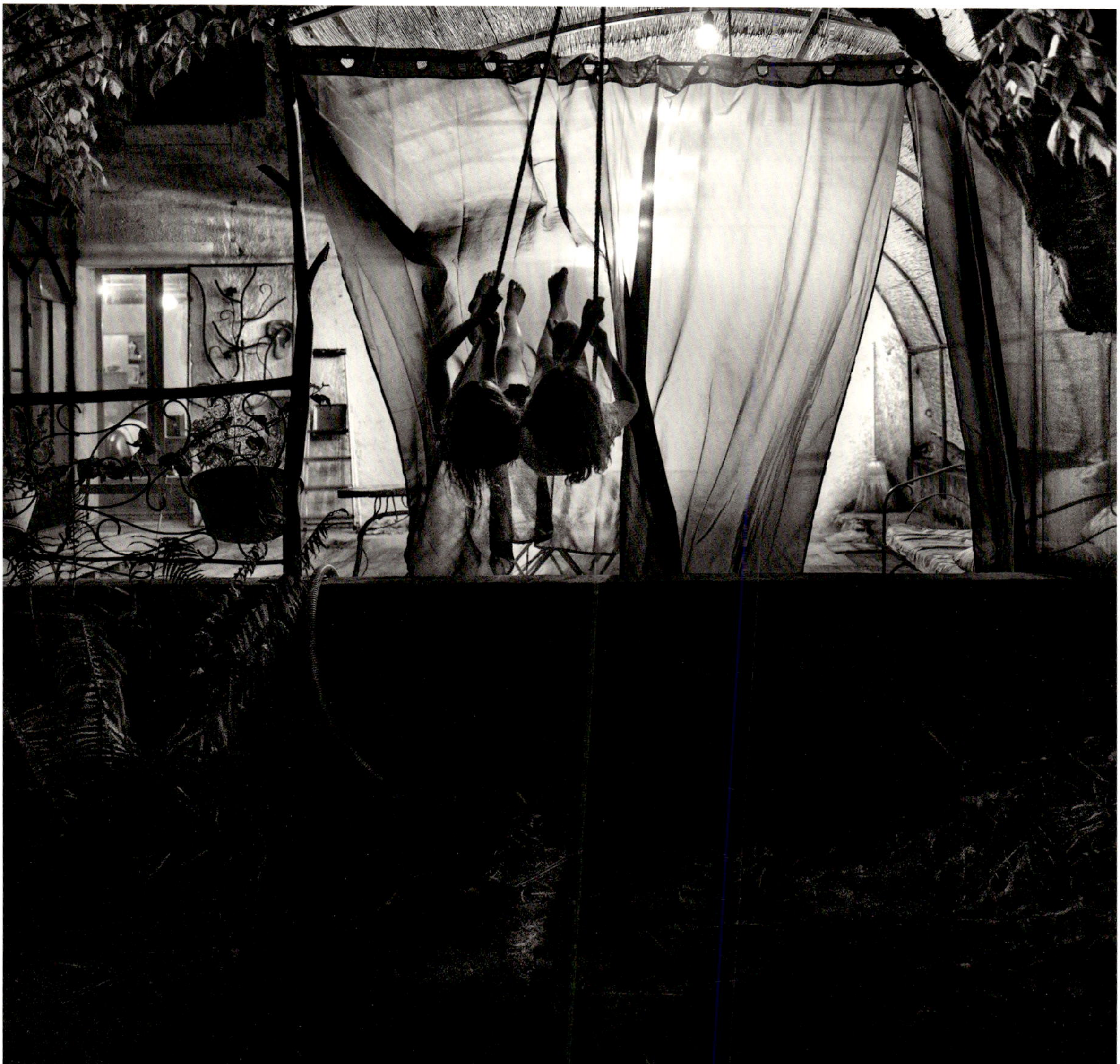

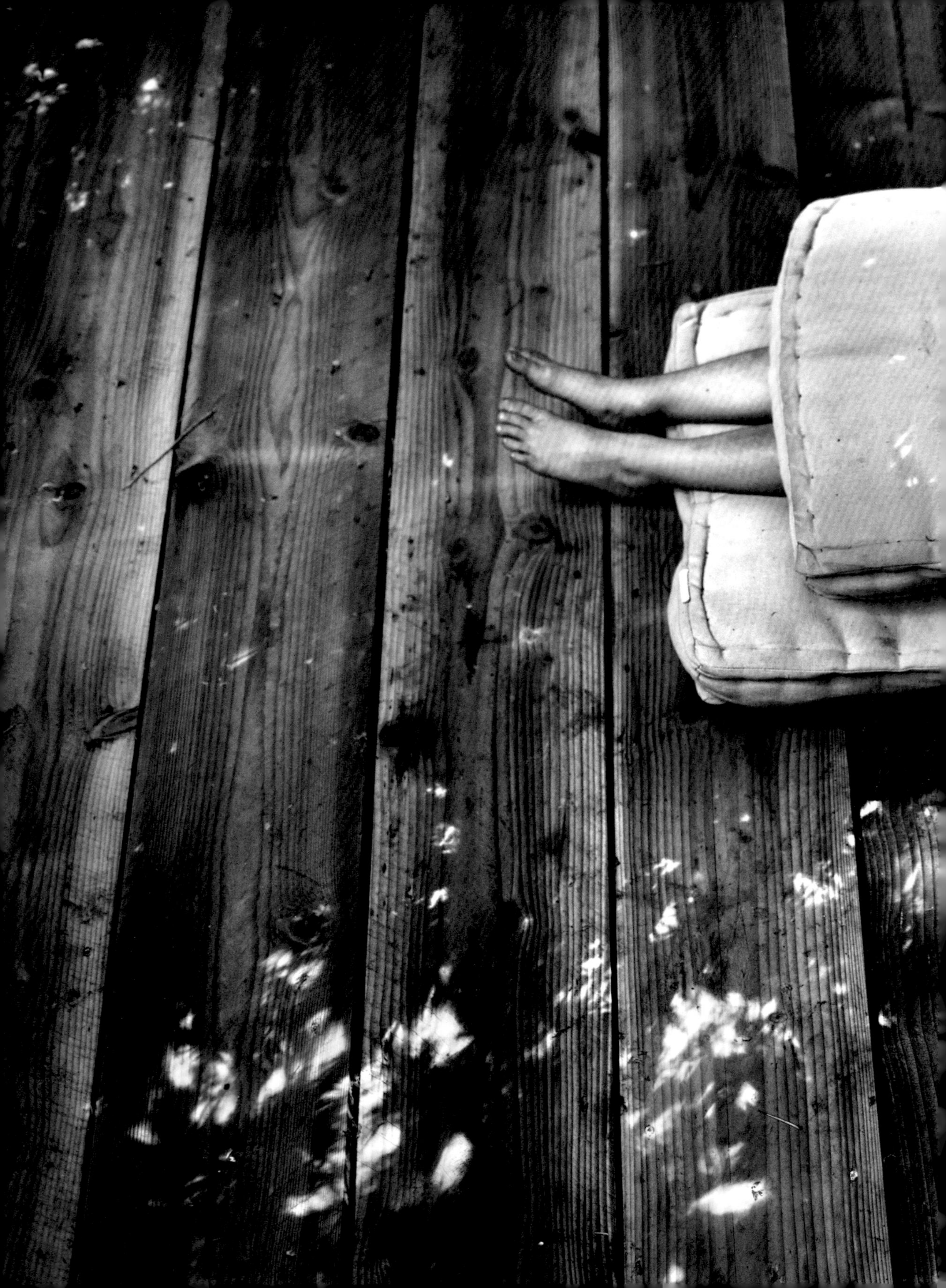

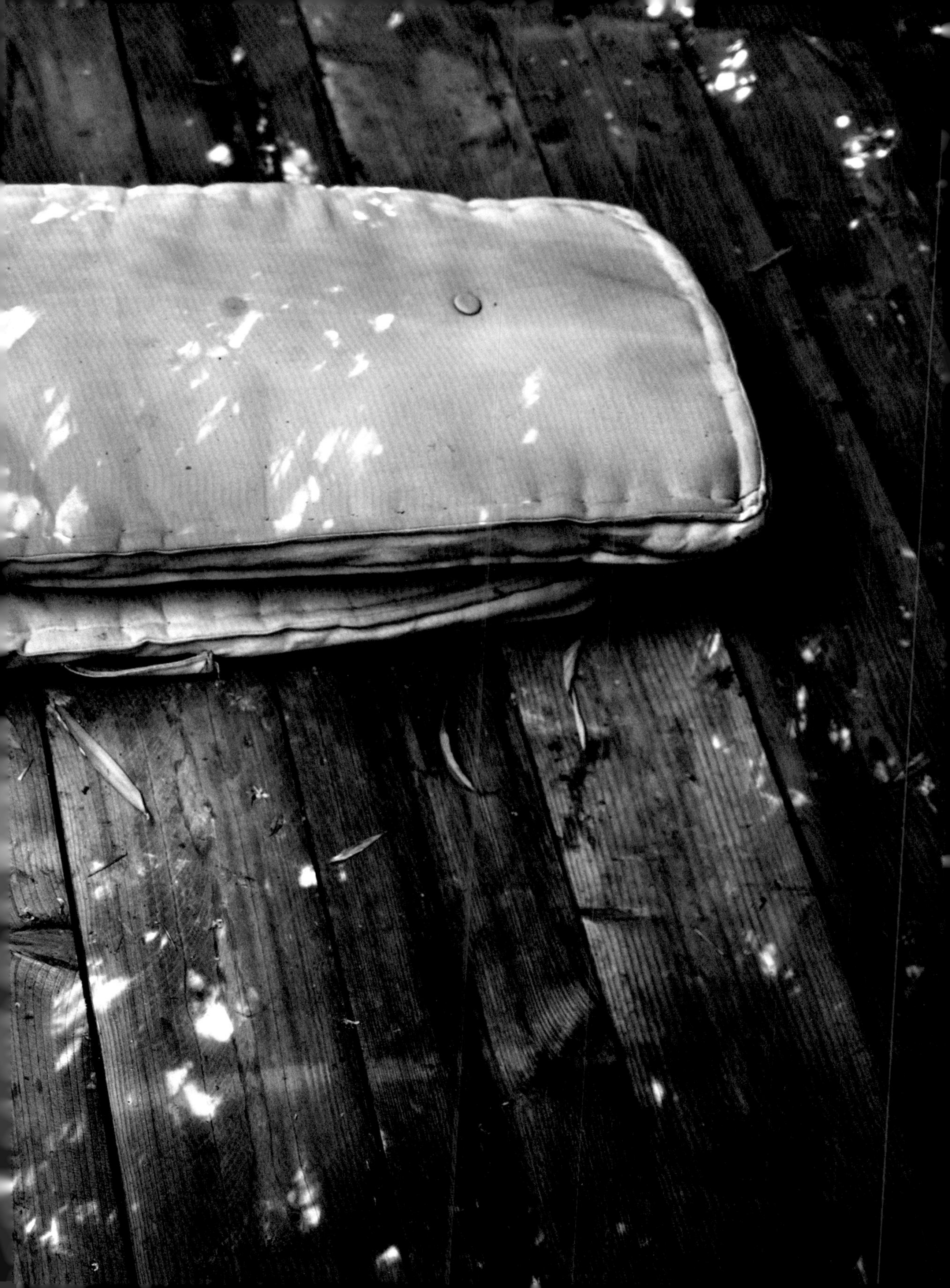

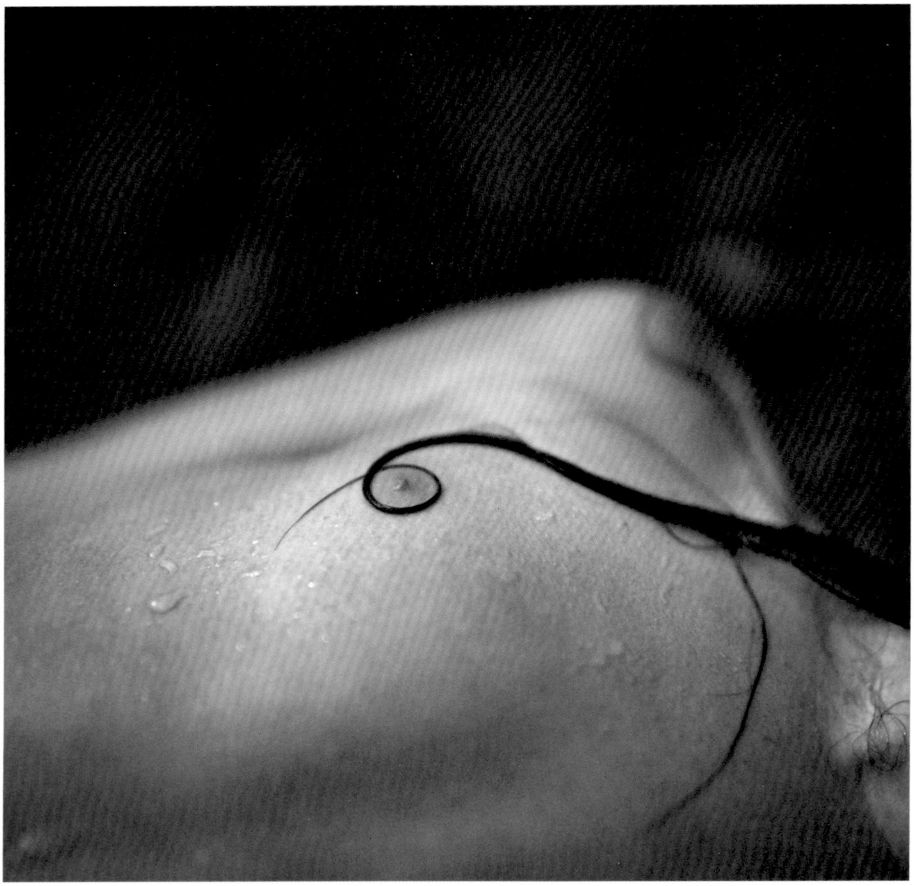

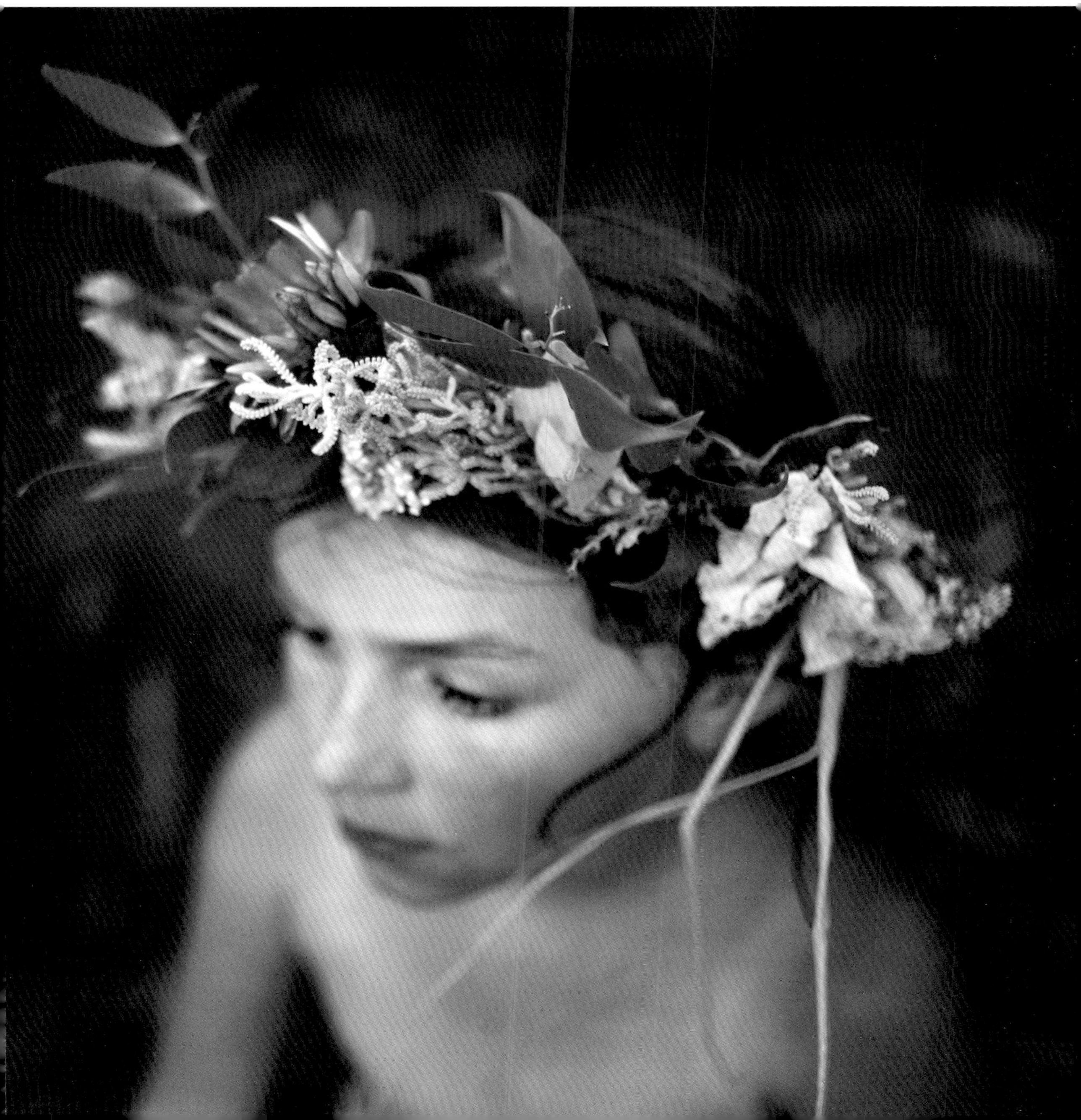

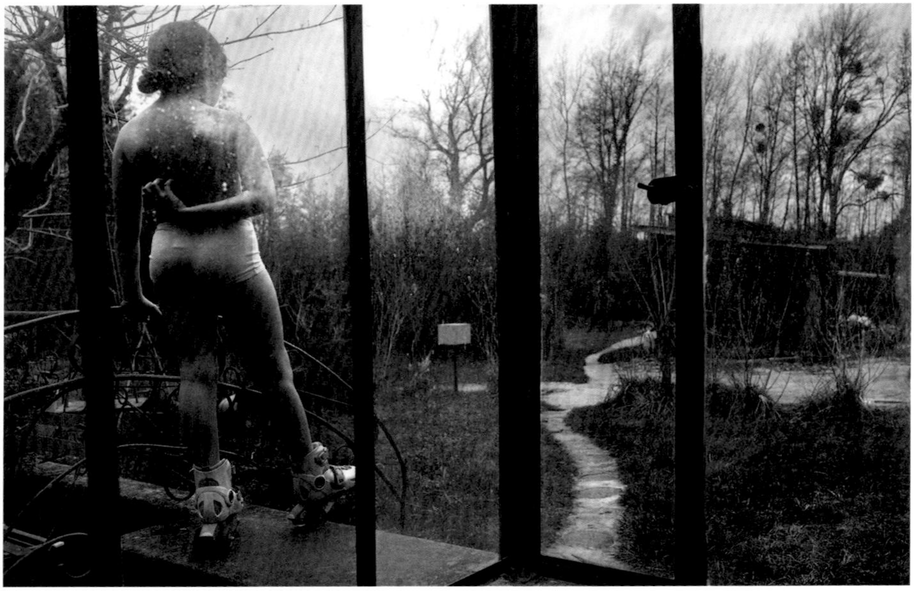

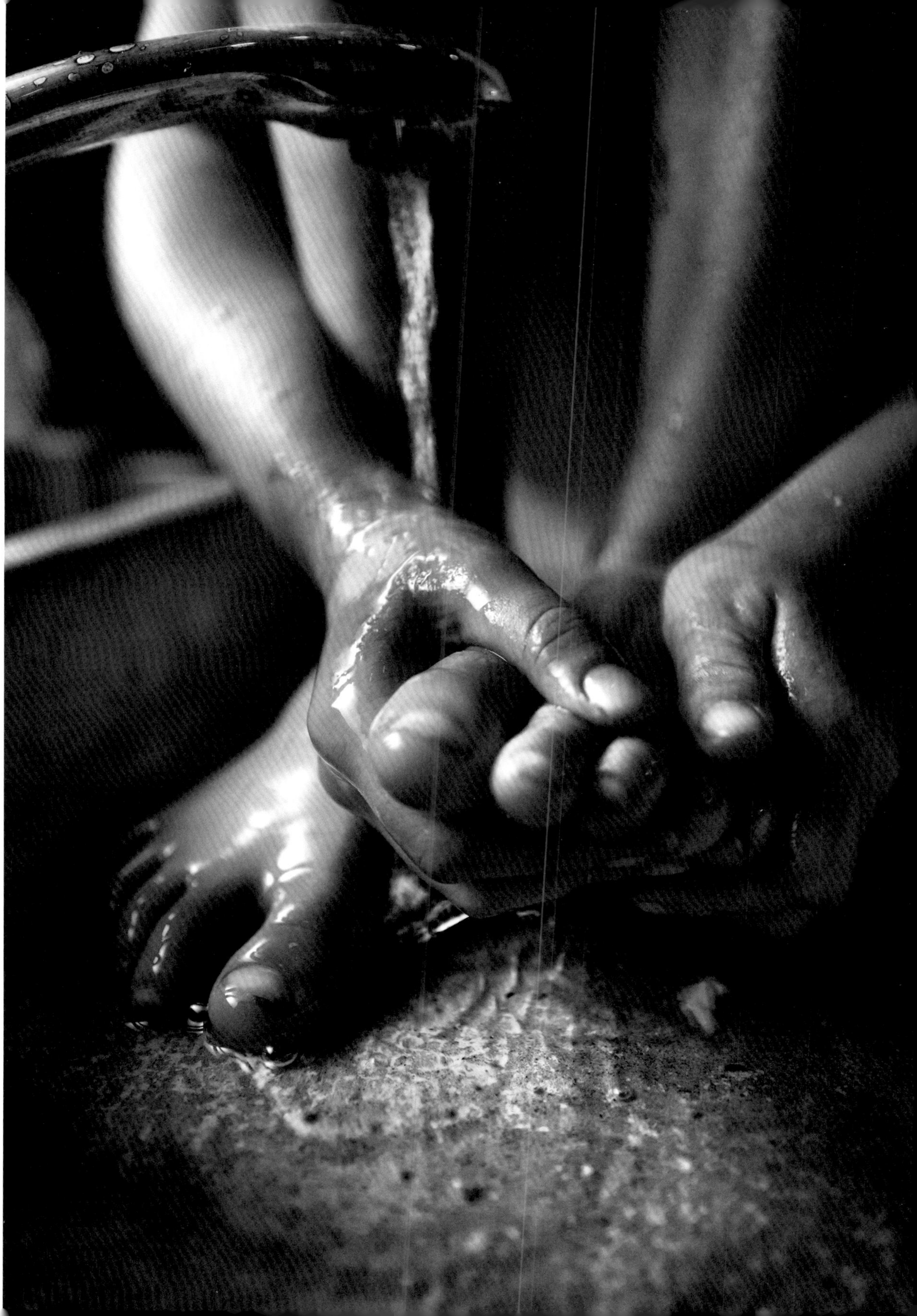

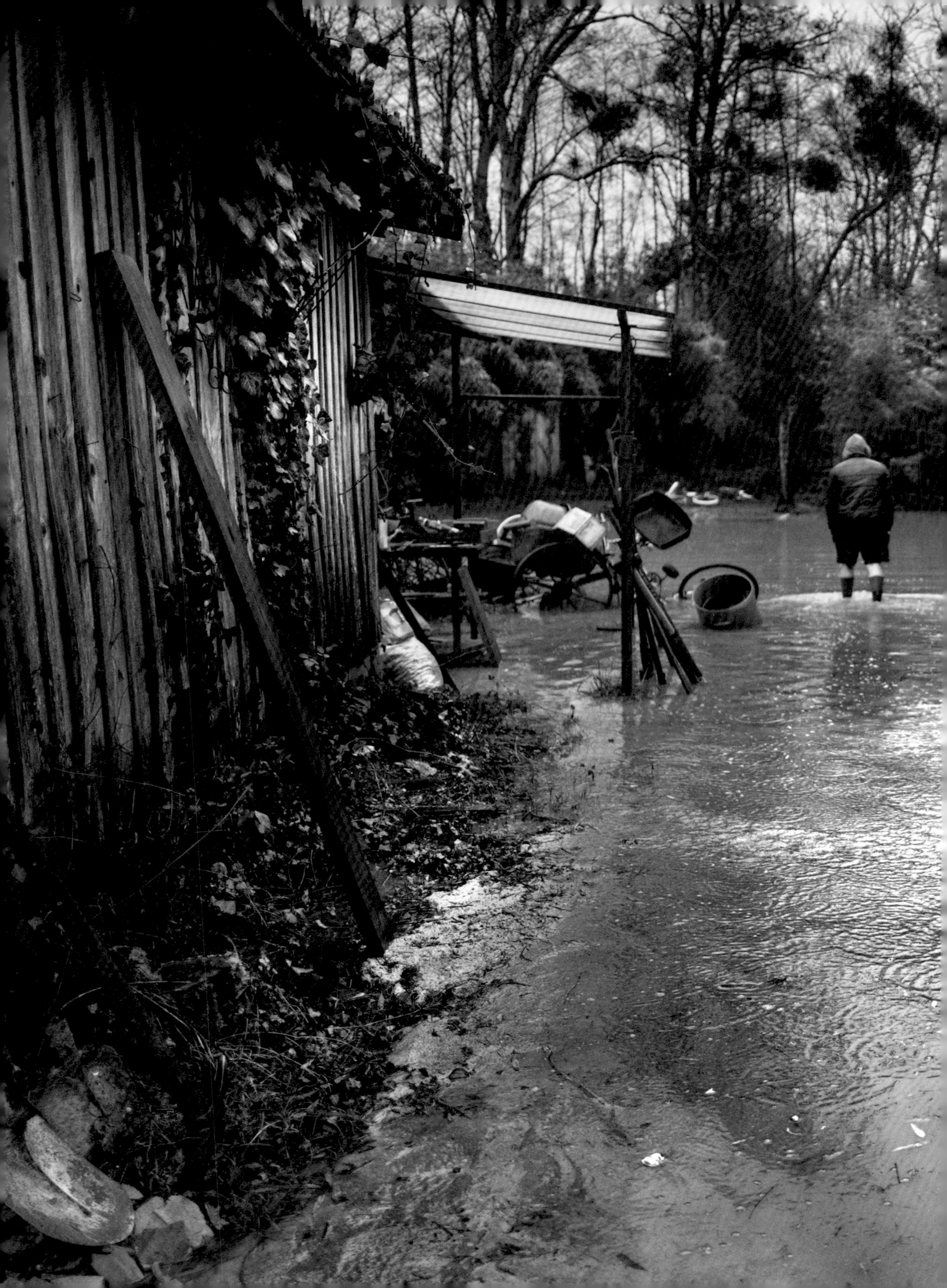

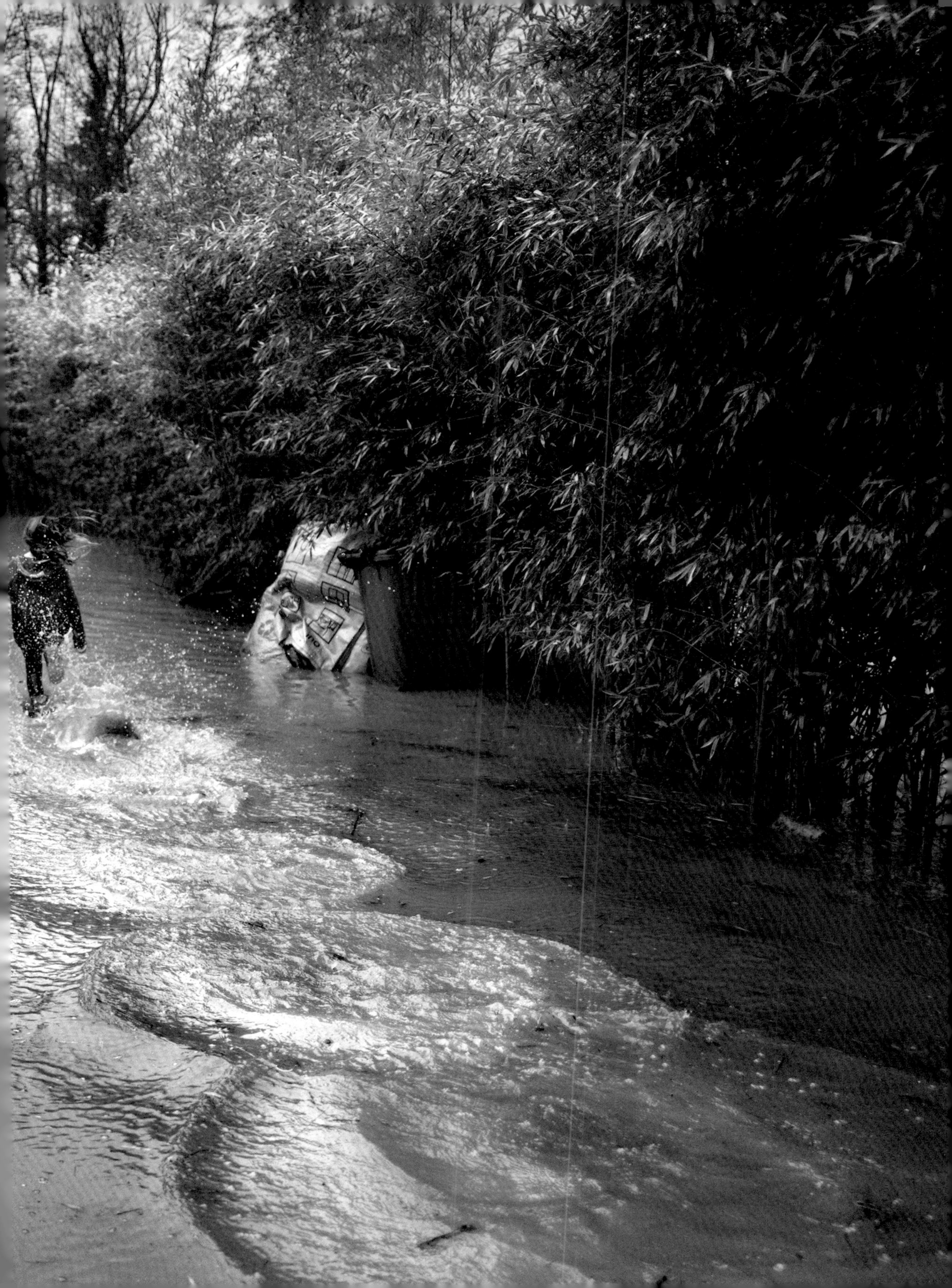

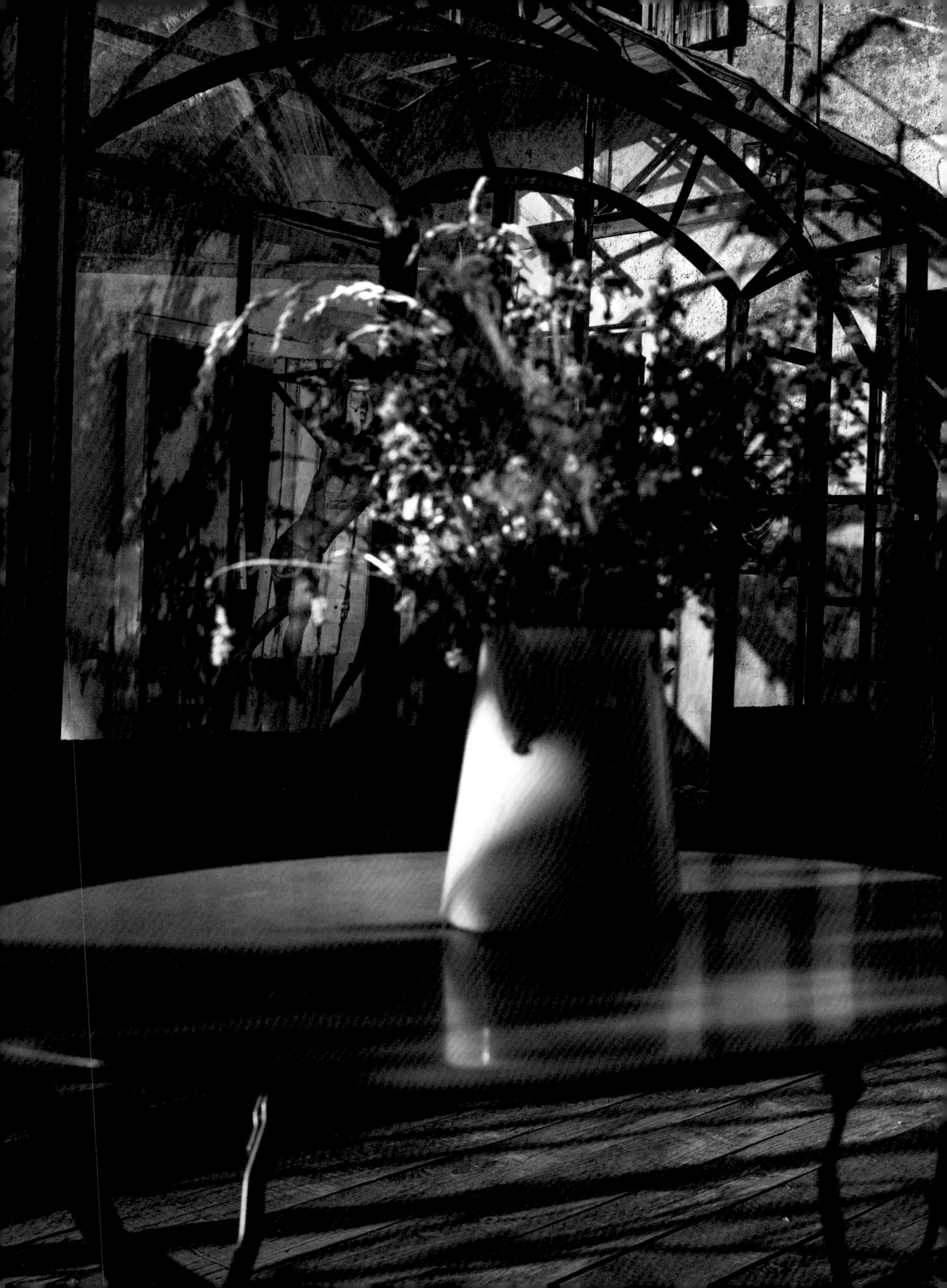

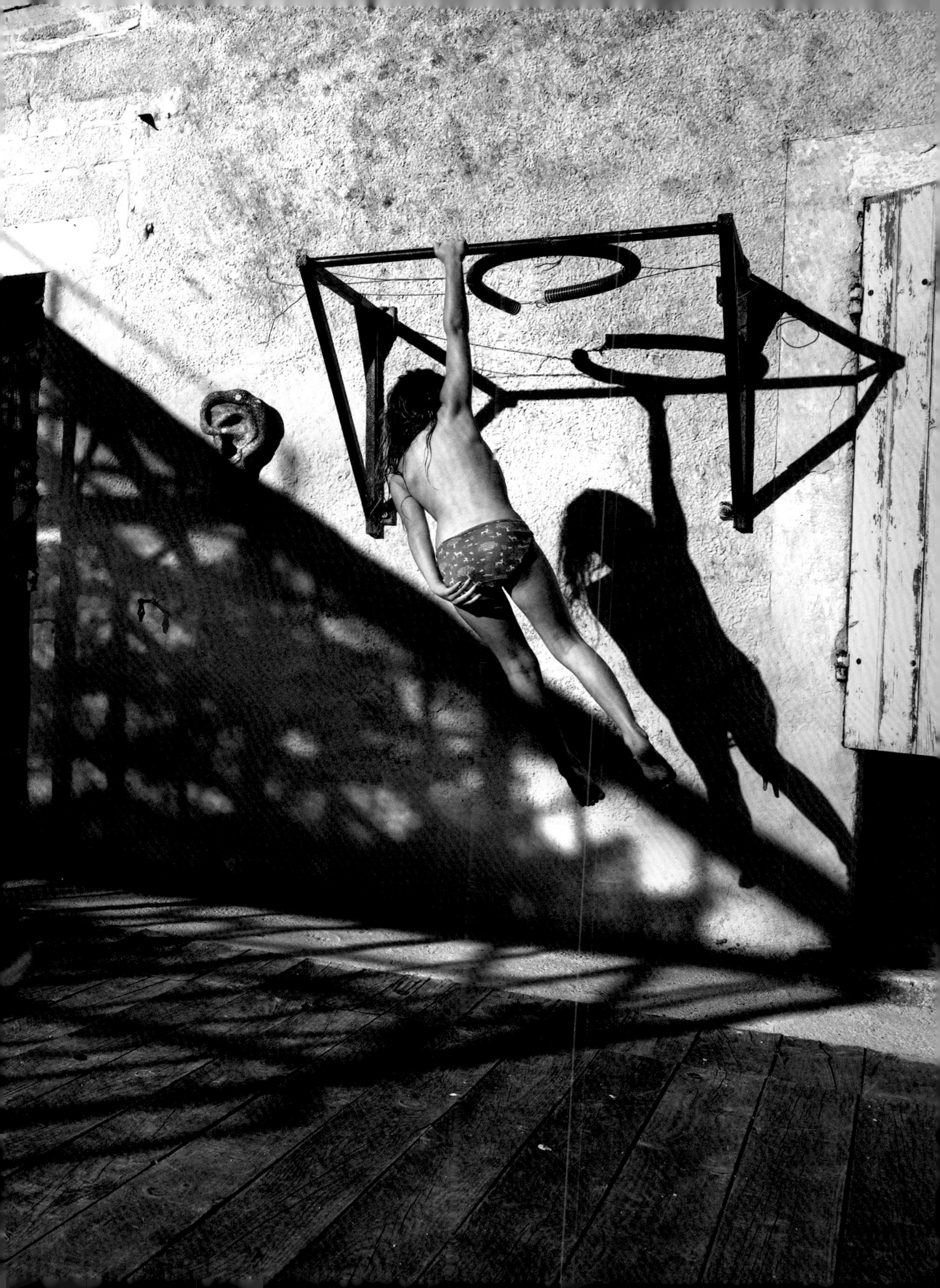

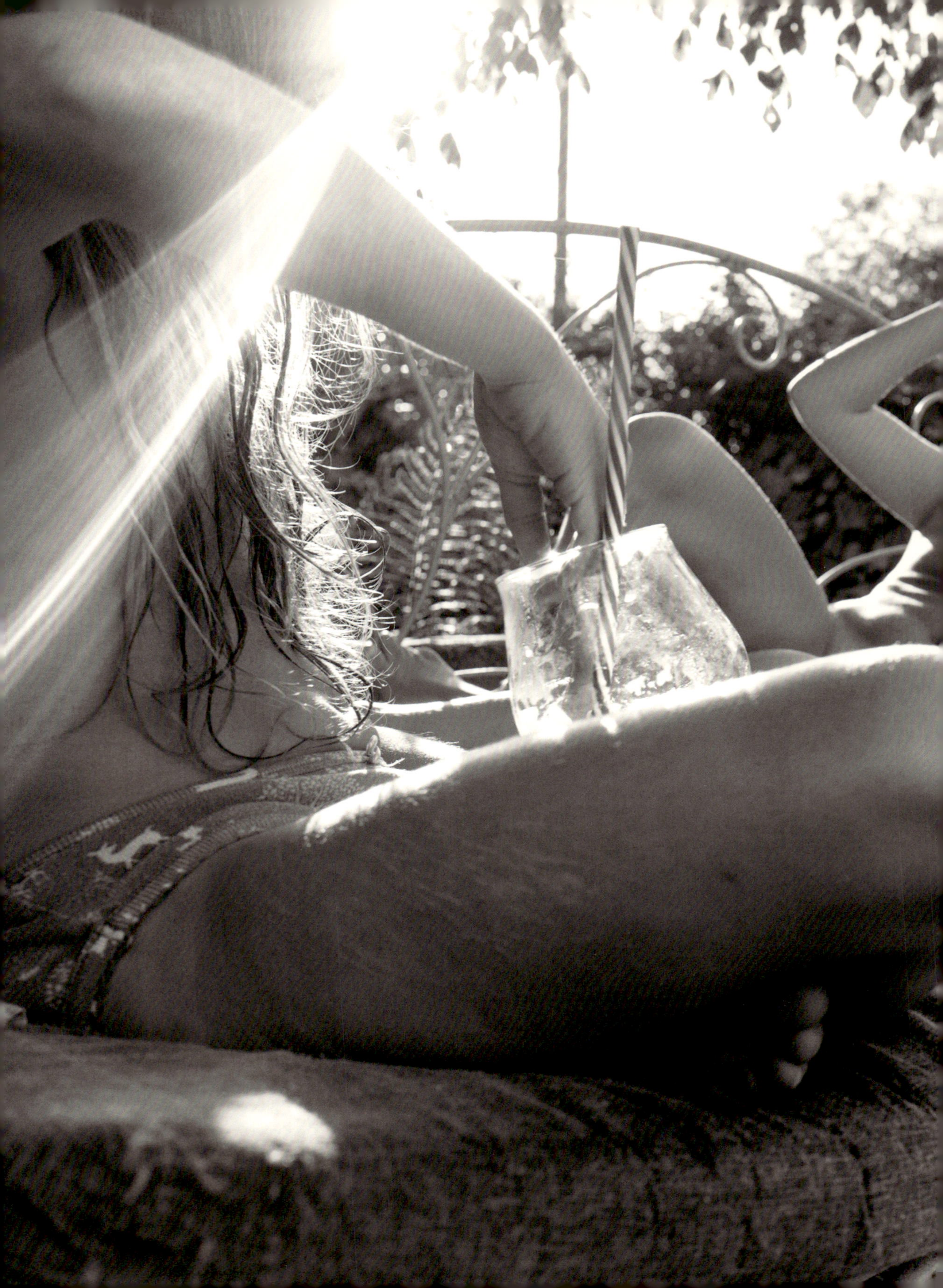

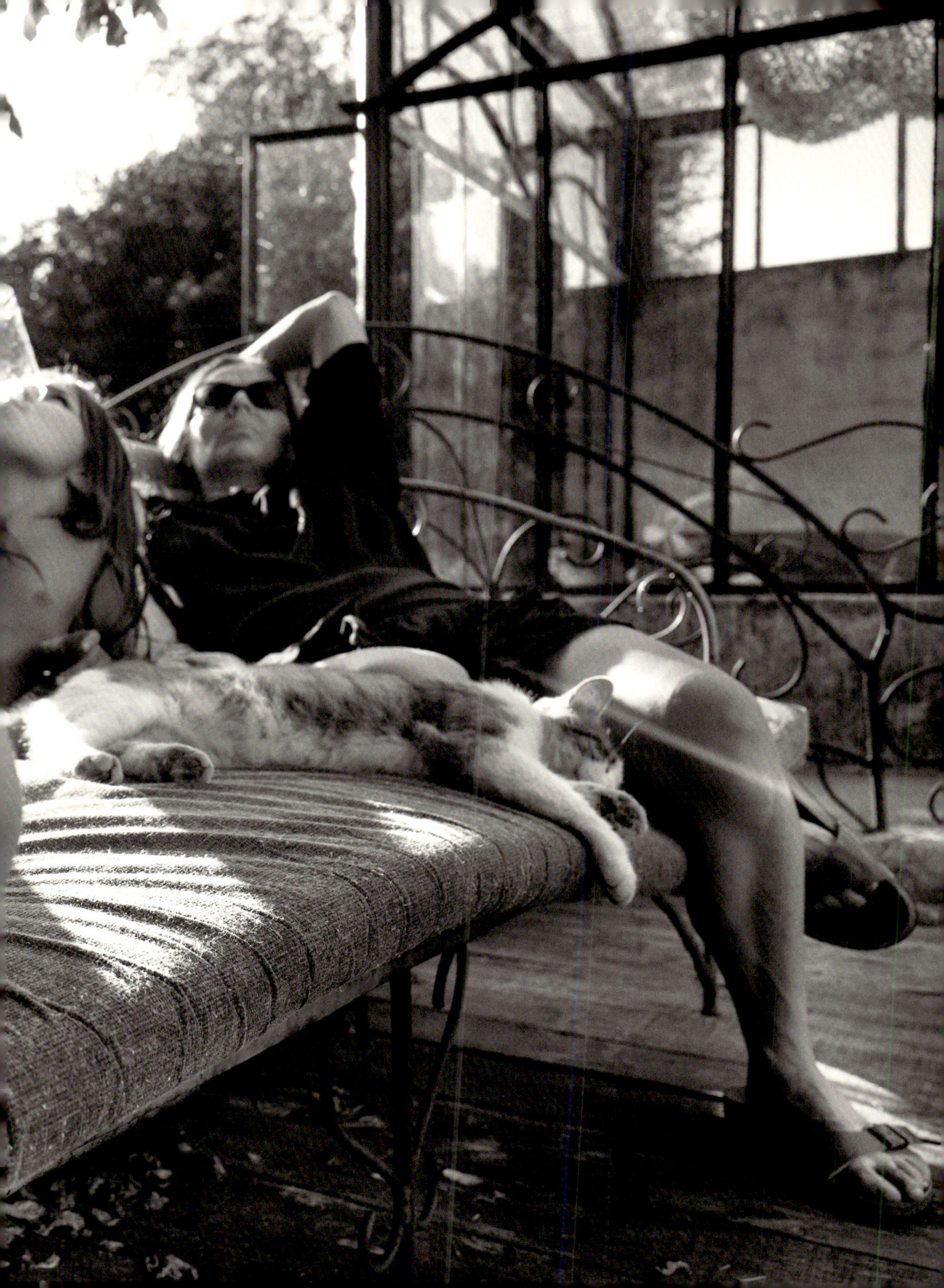

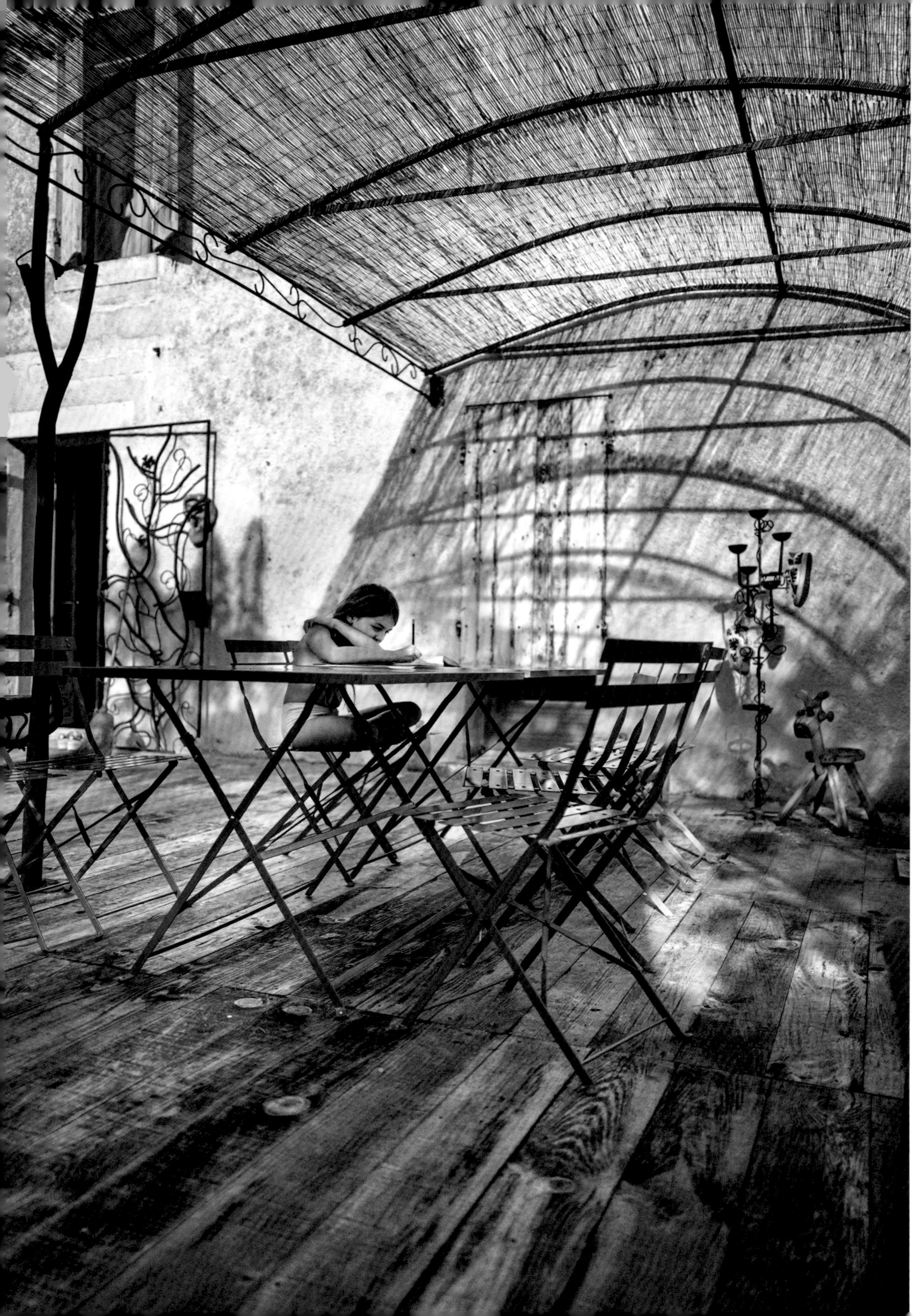

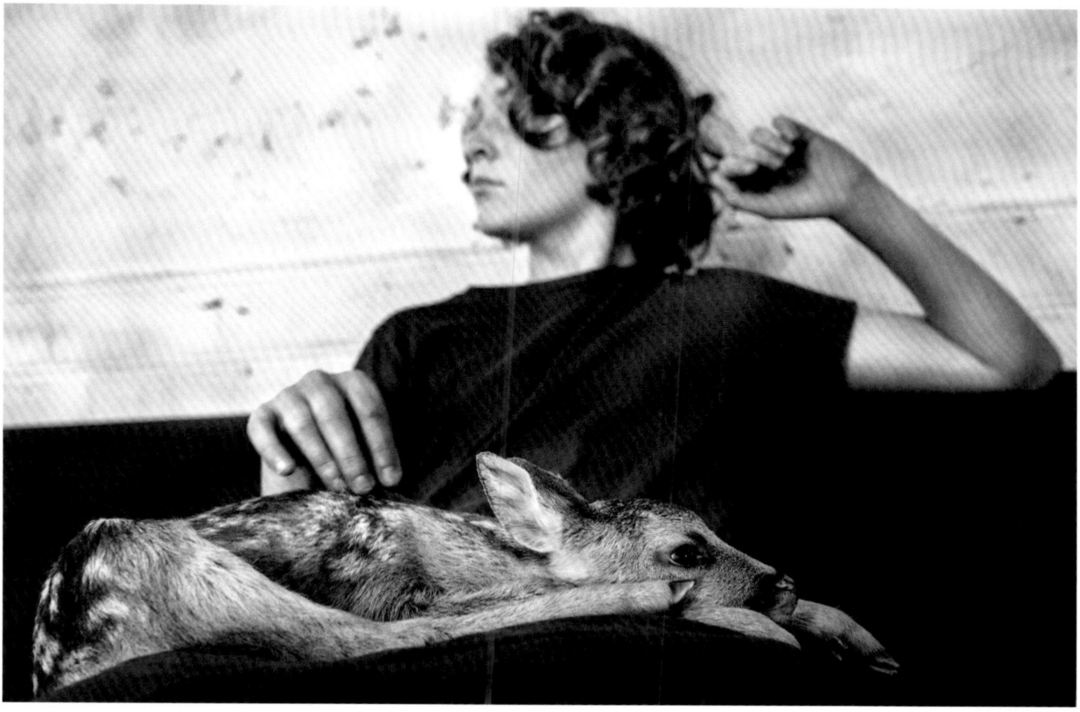

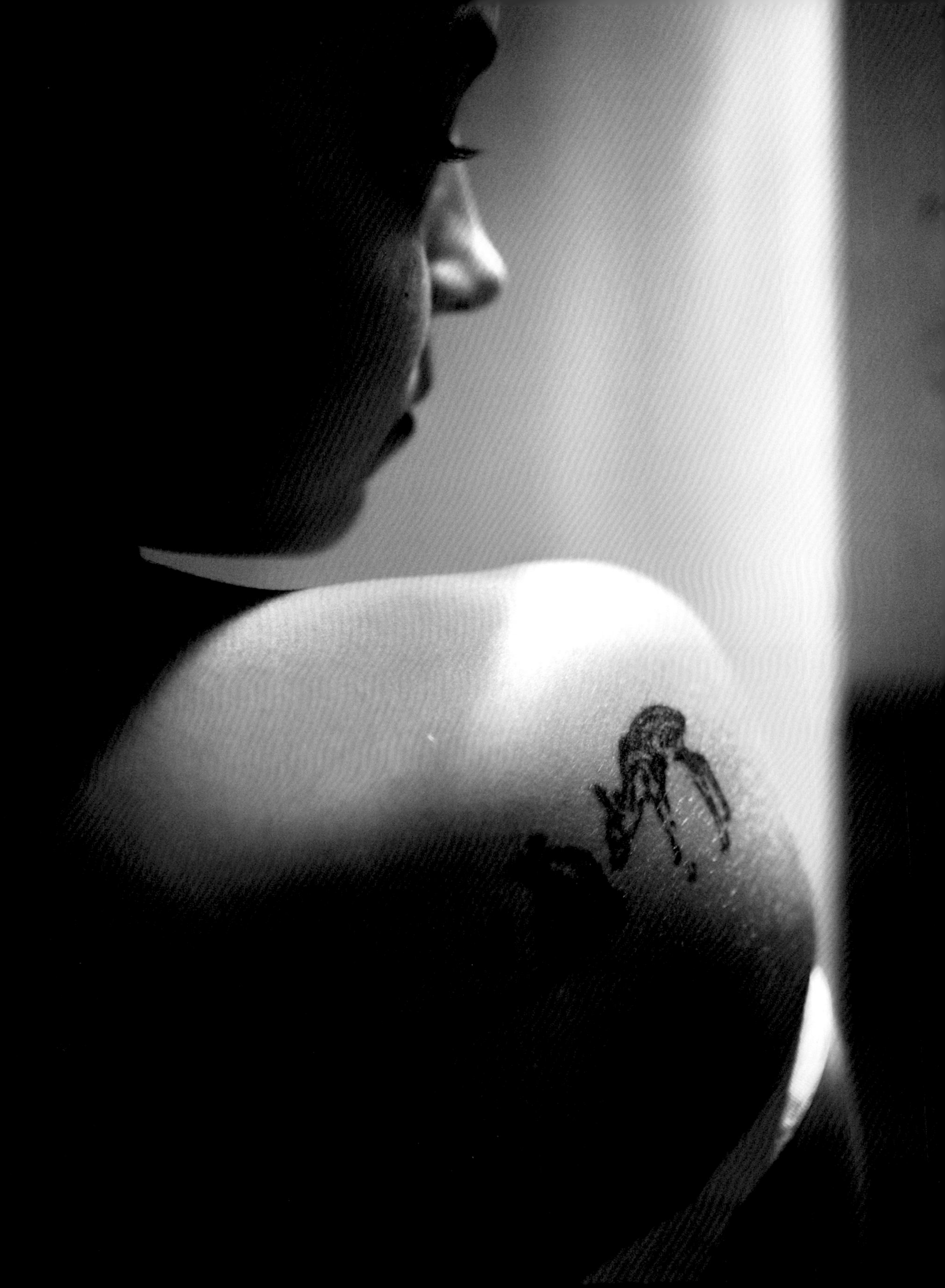

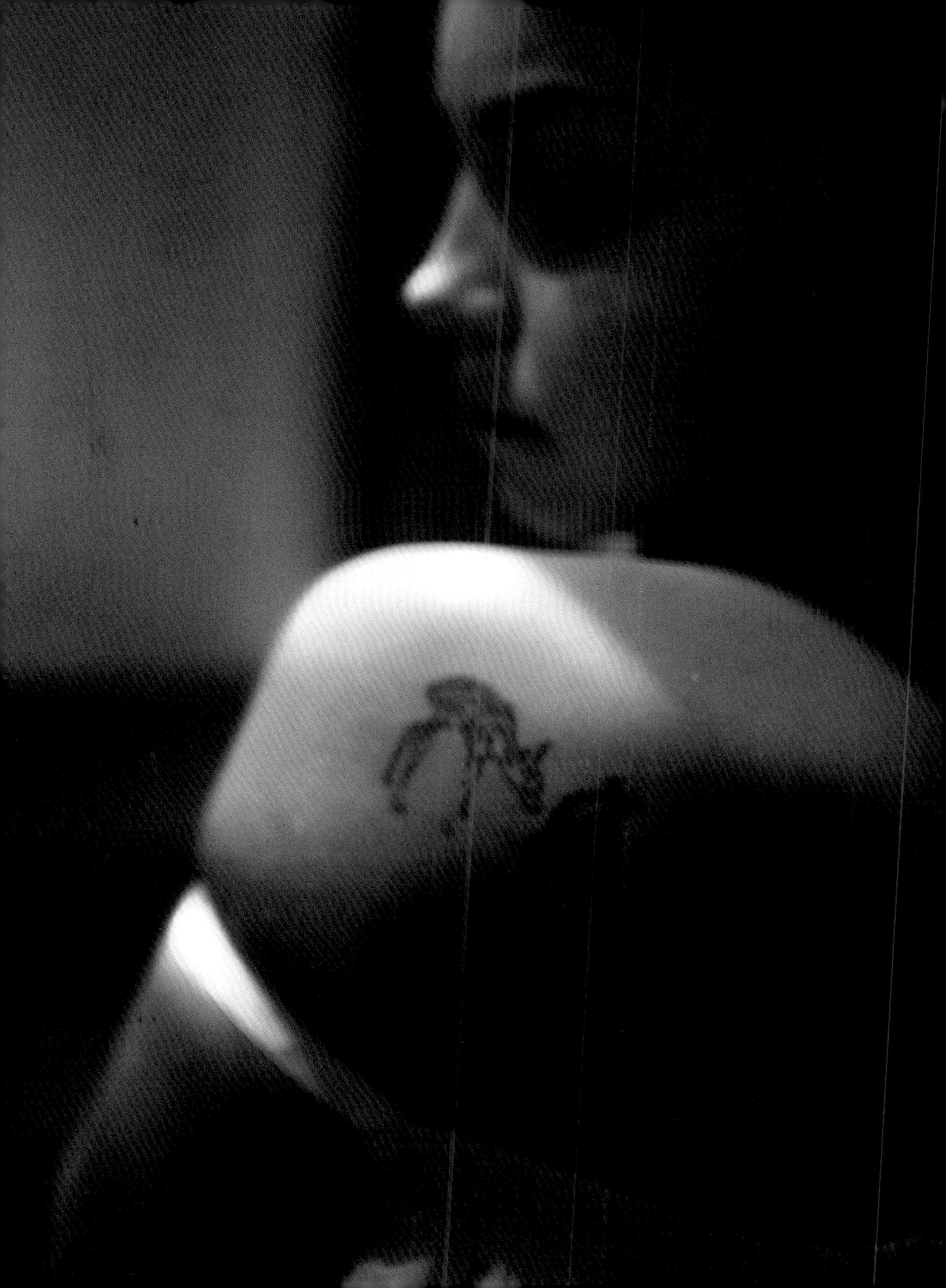

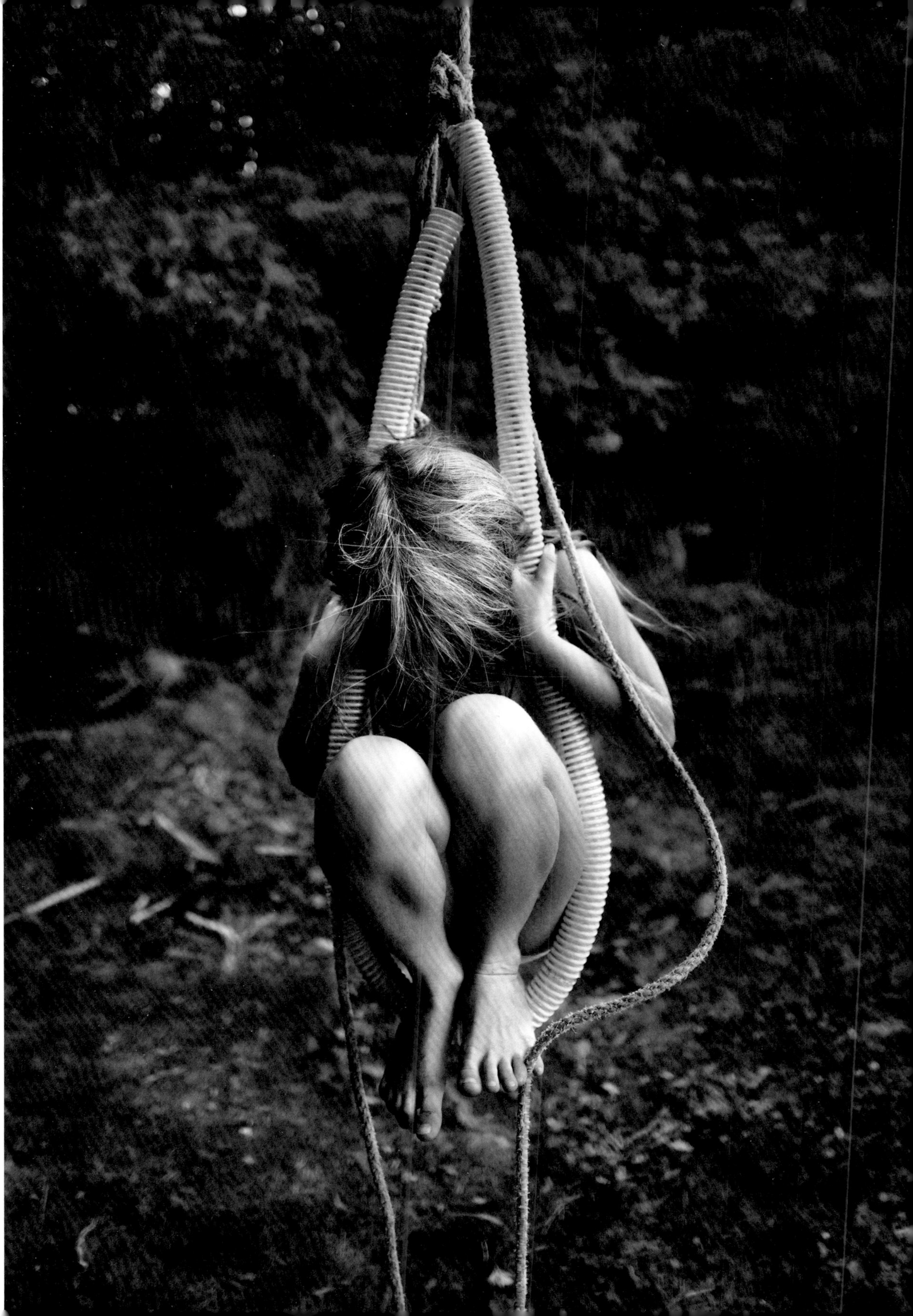

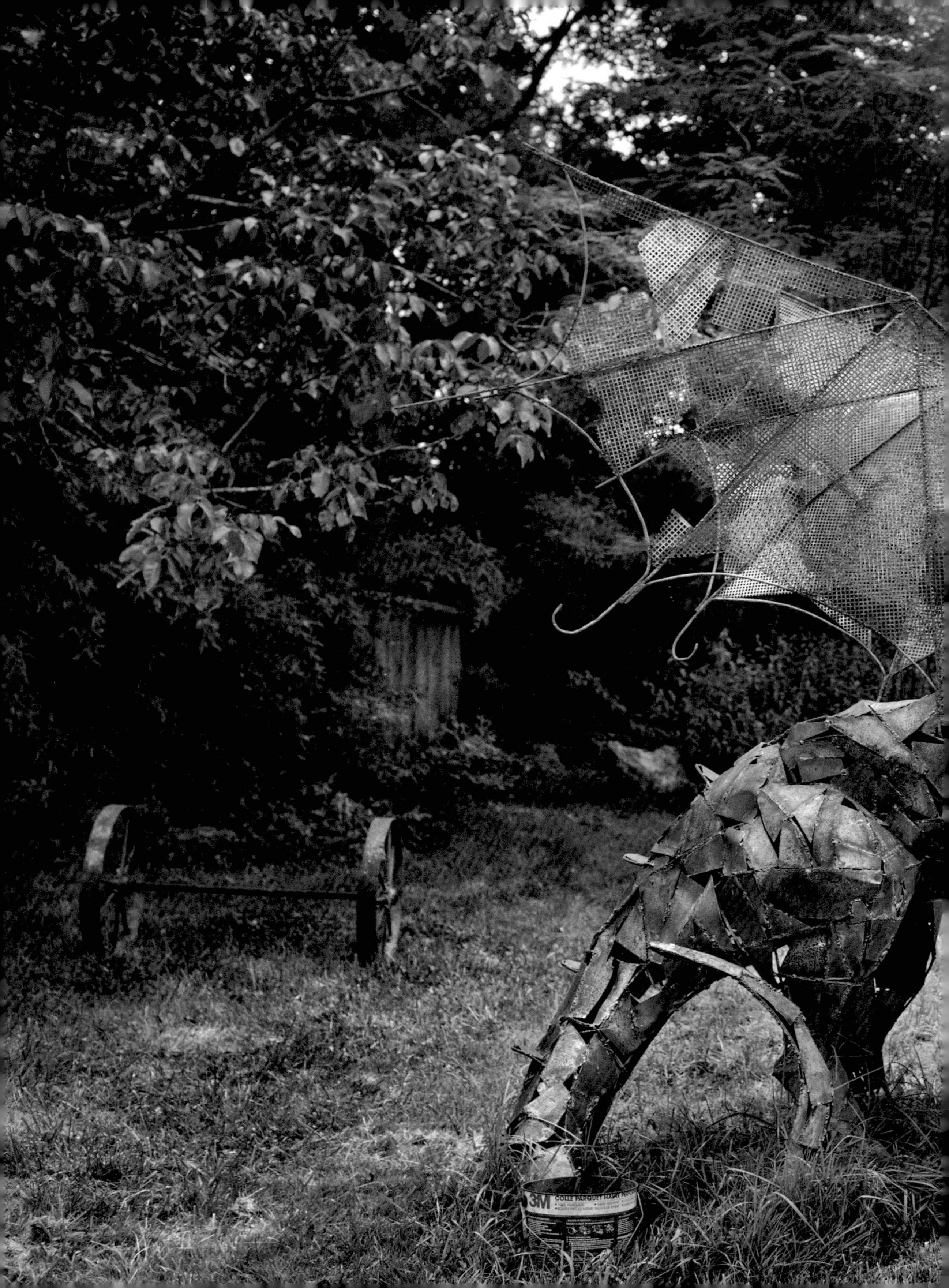
3M
COLLE PARQUET

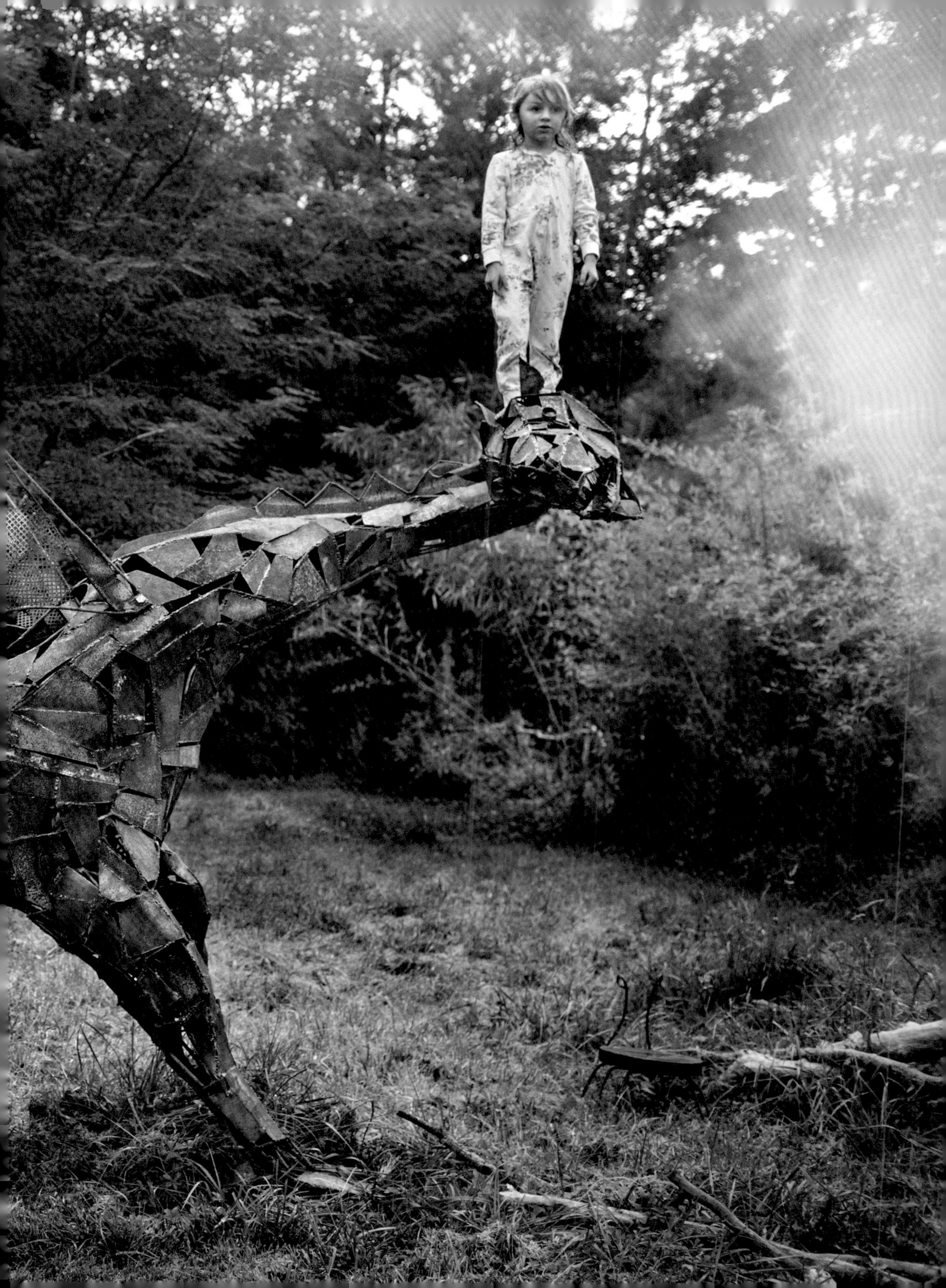

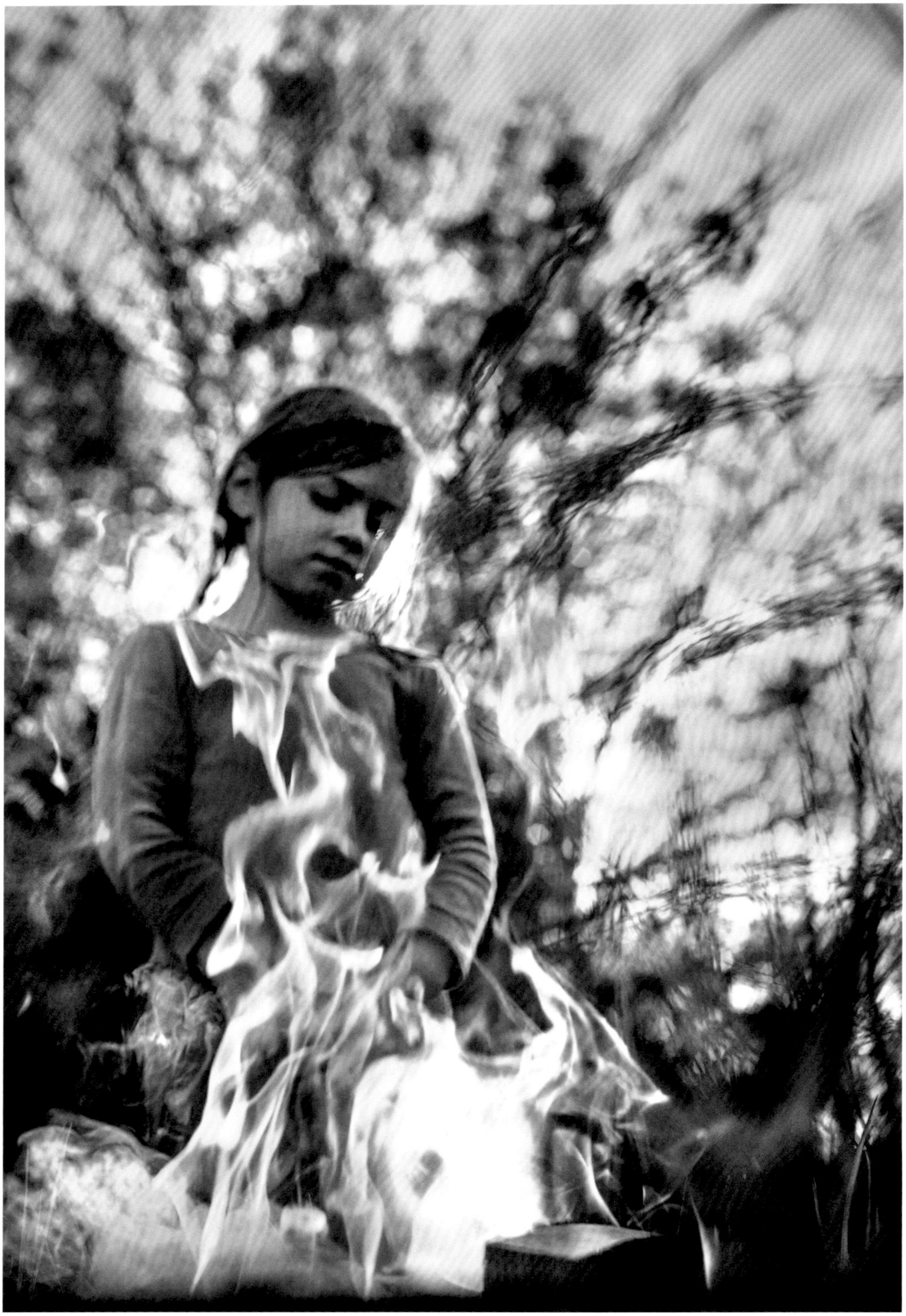

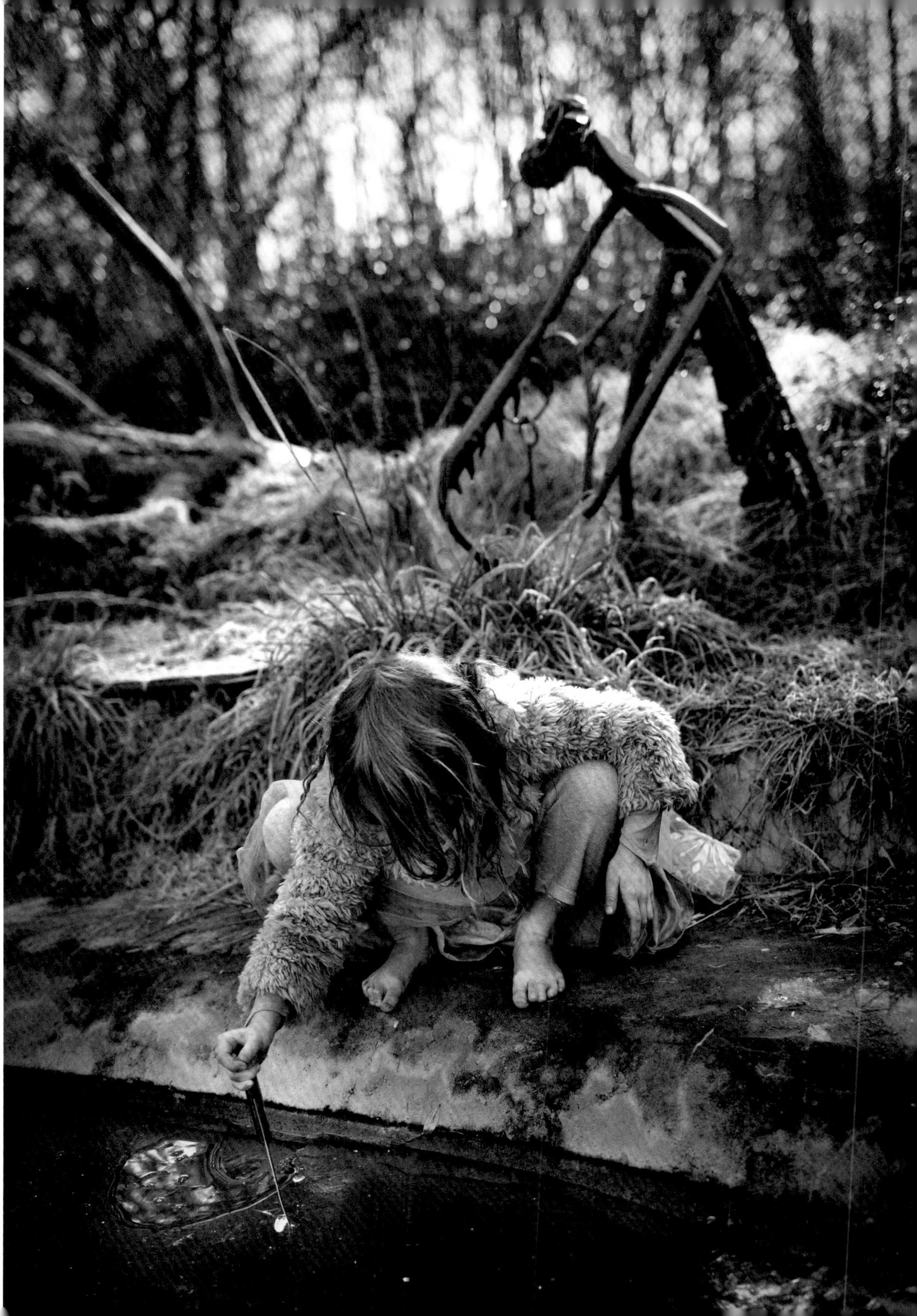

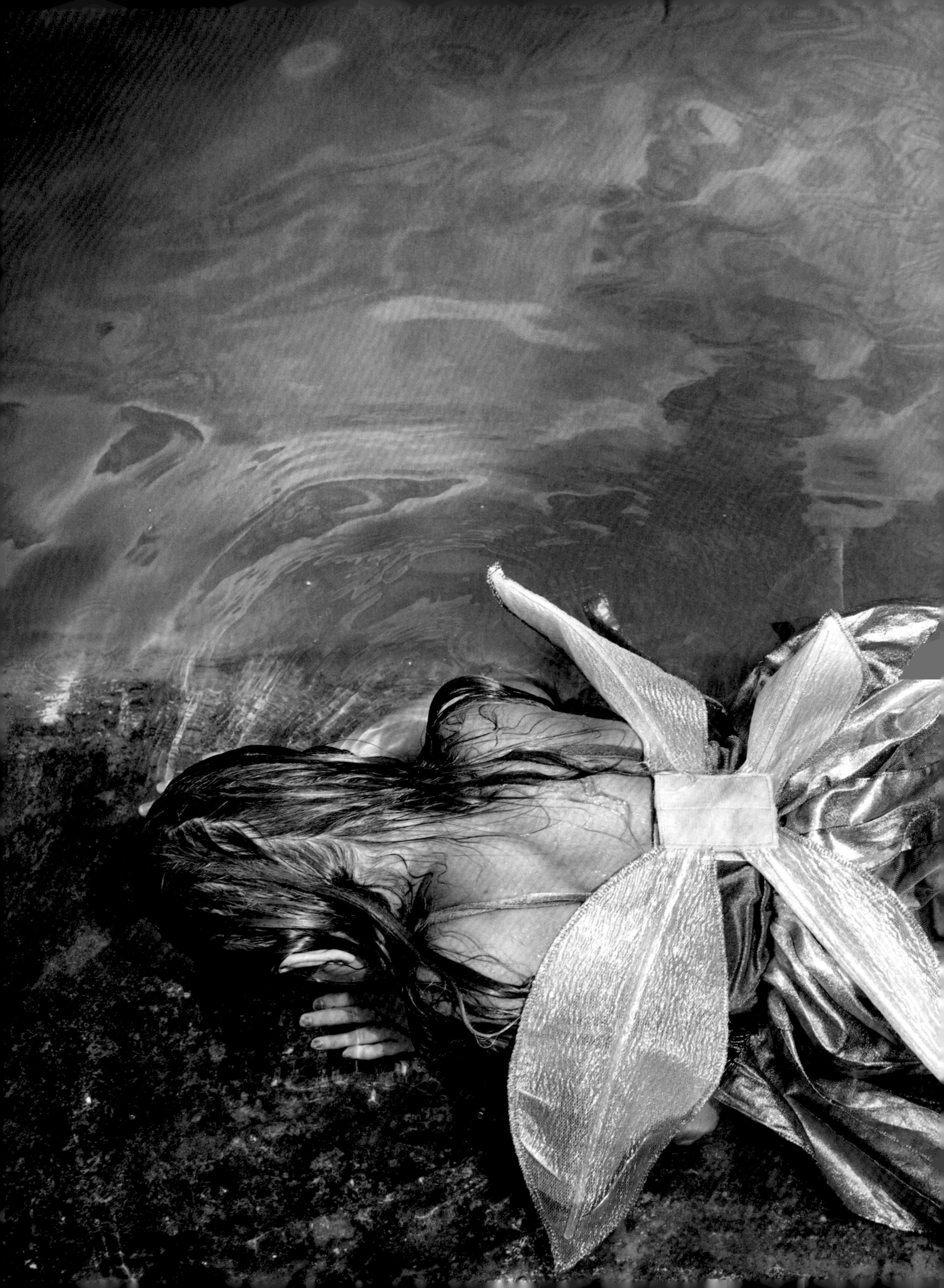

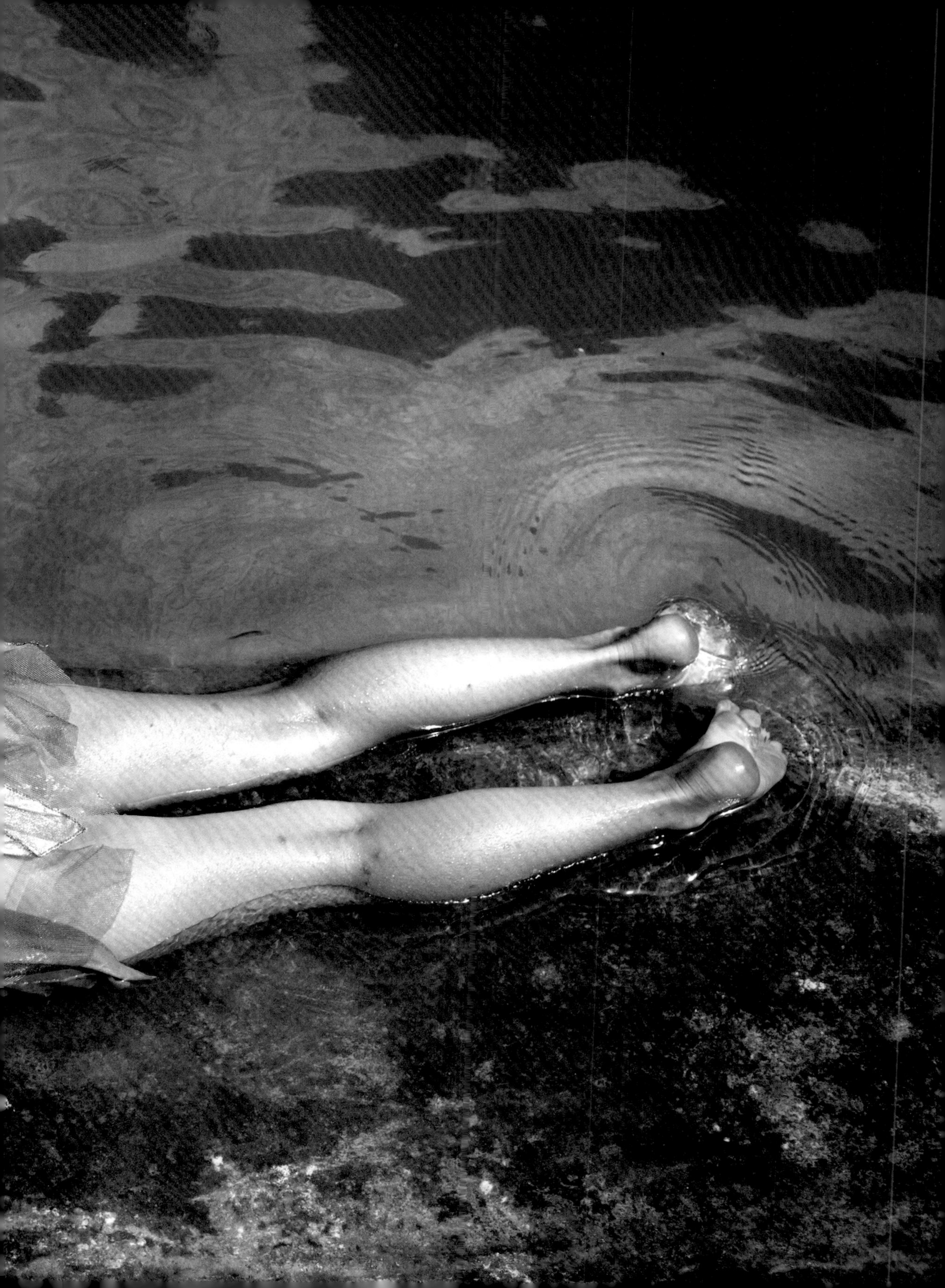

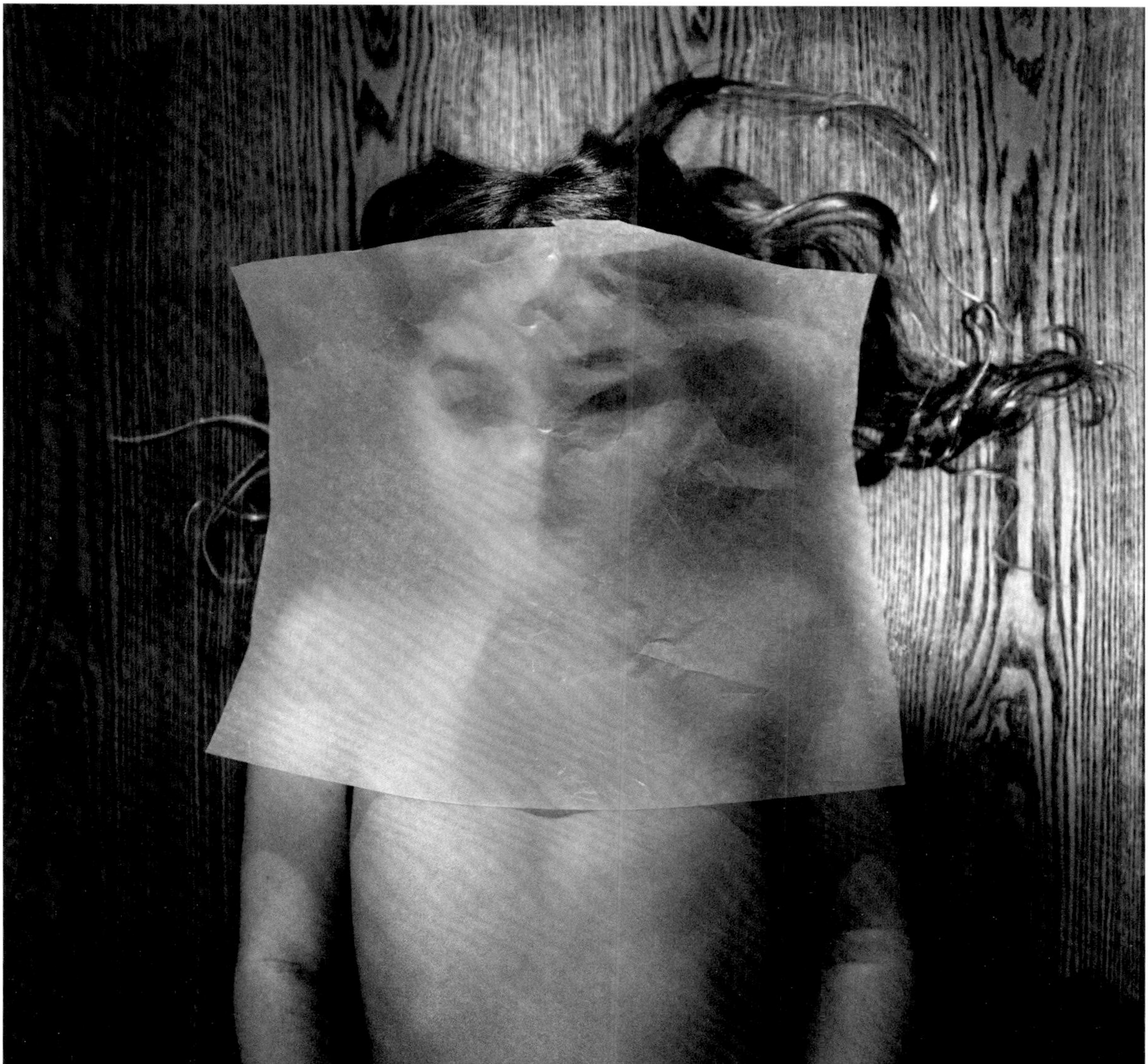

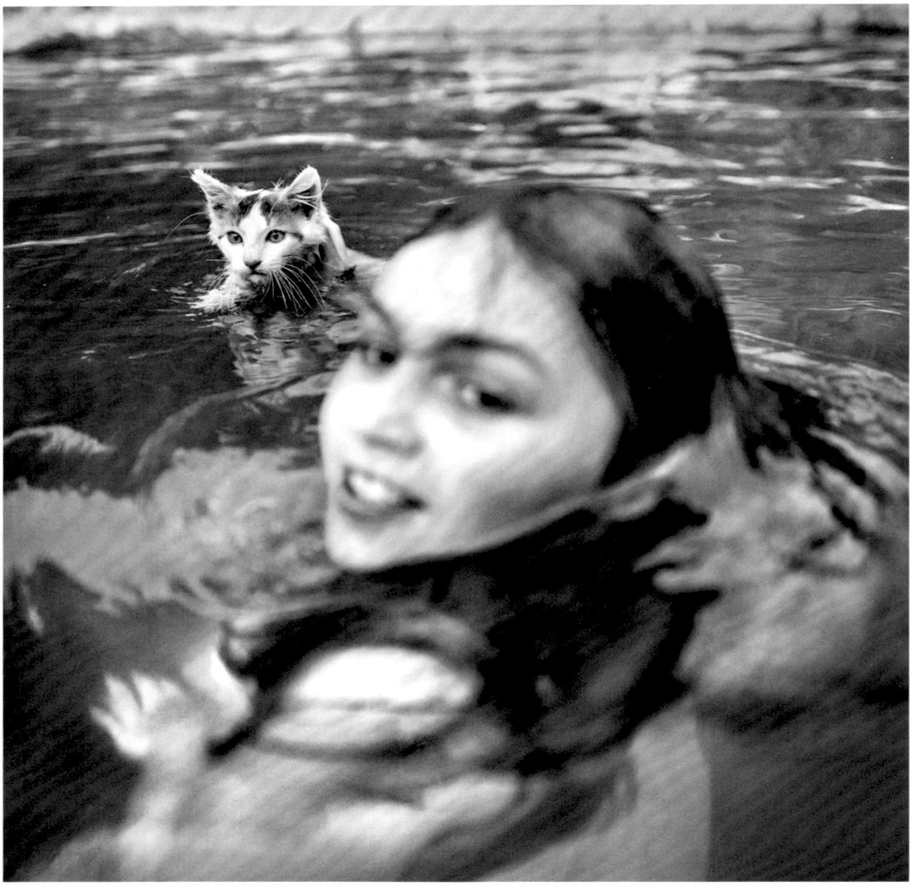

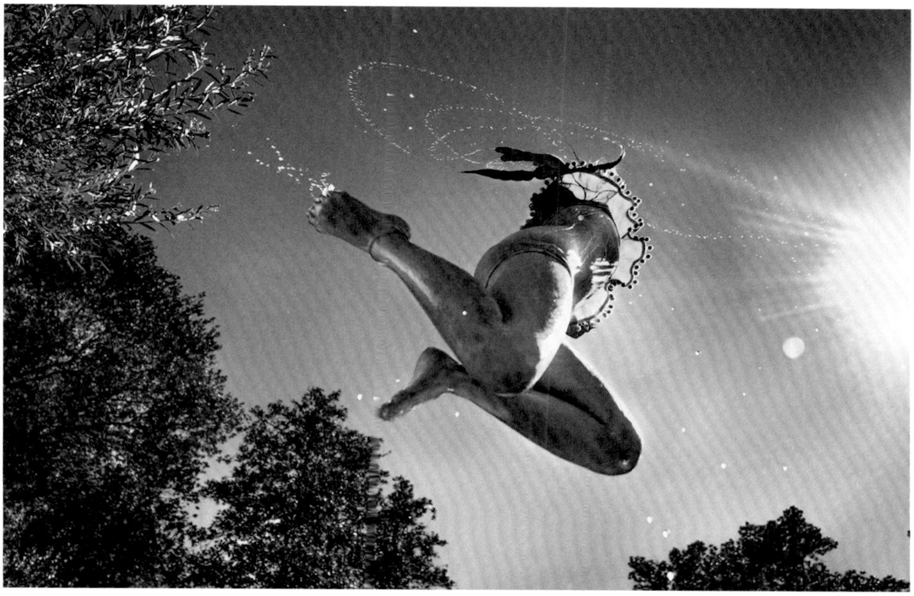

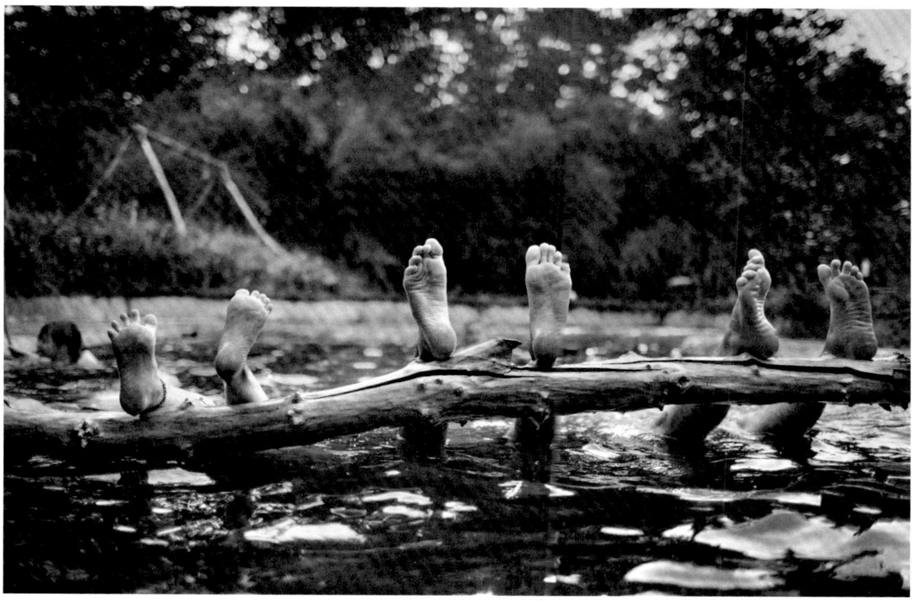

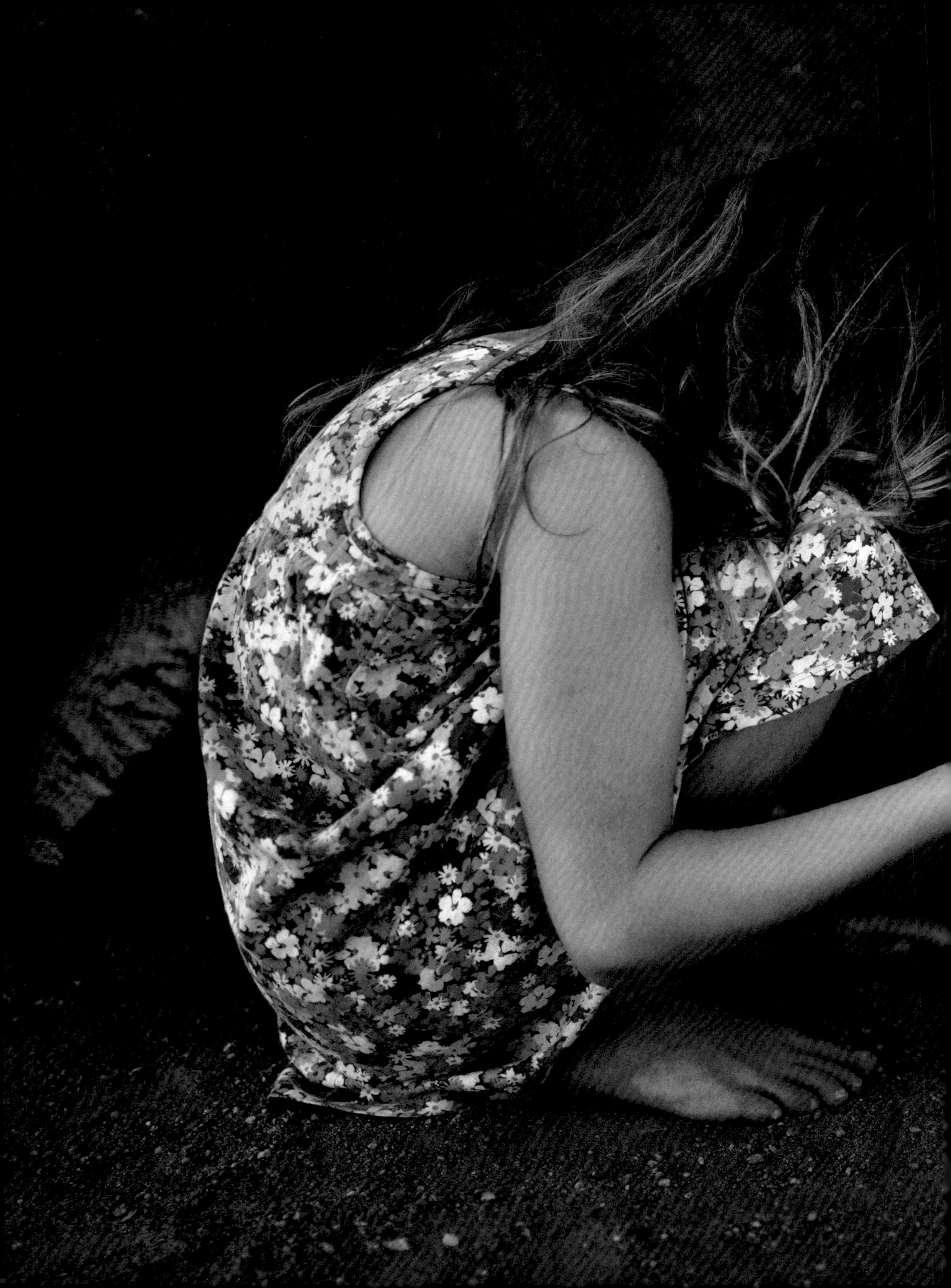

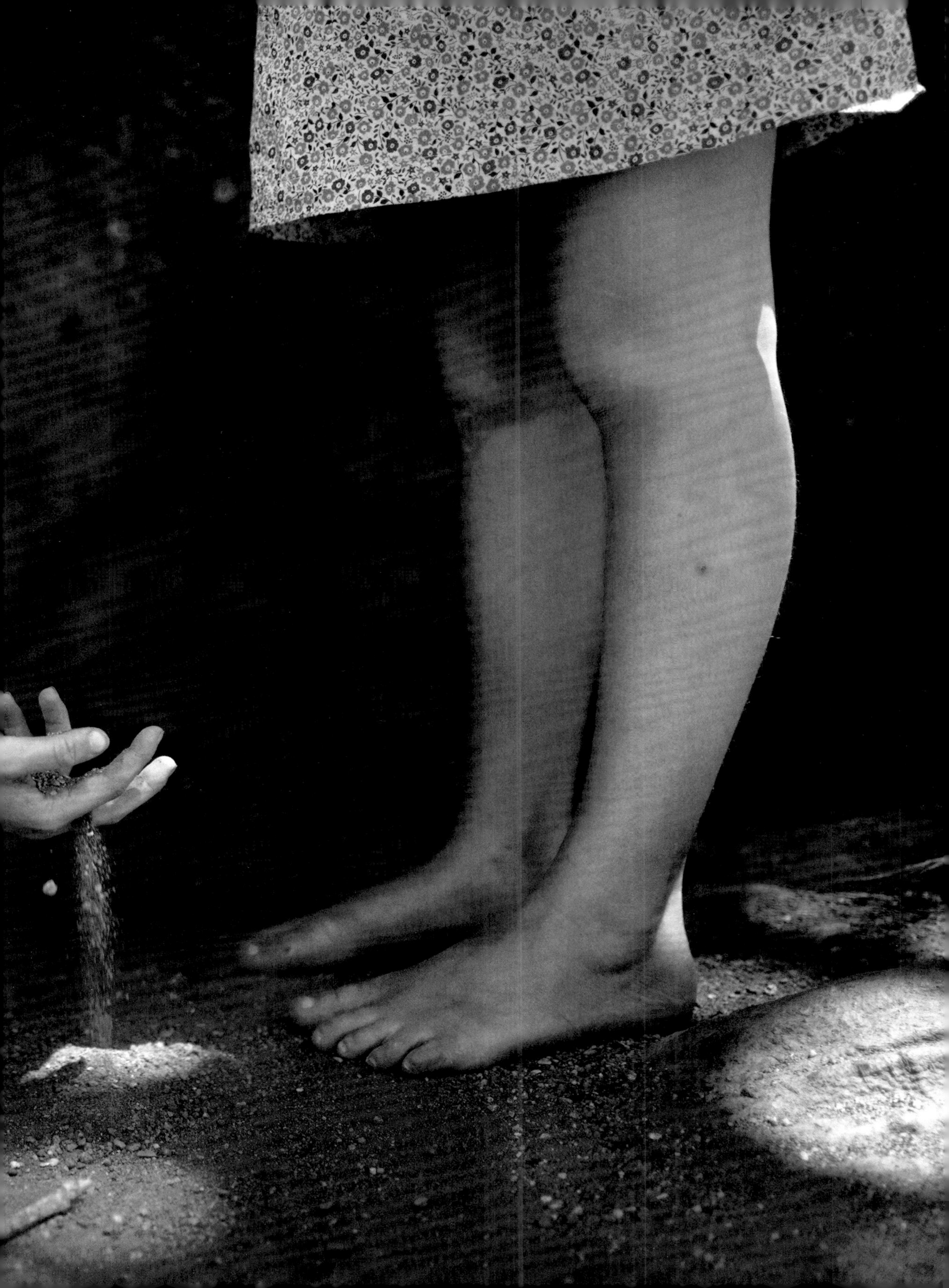

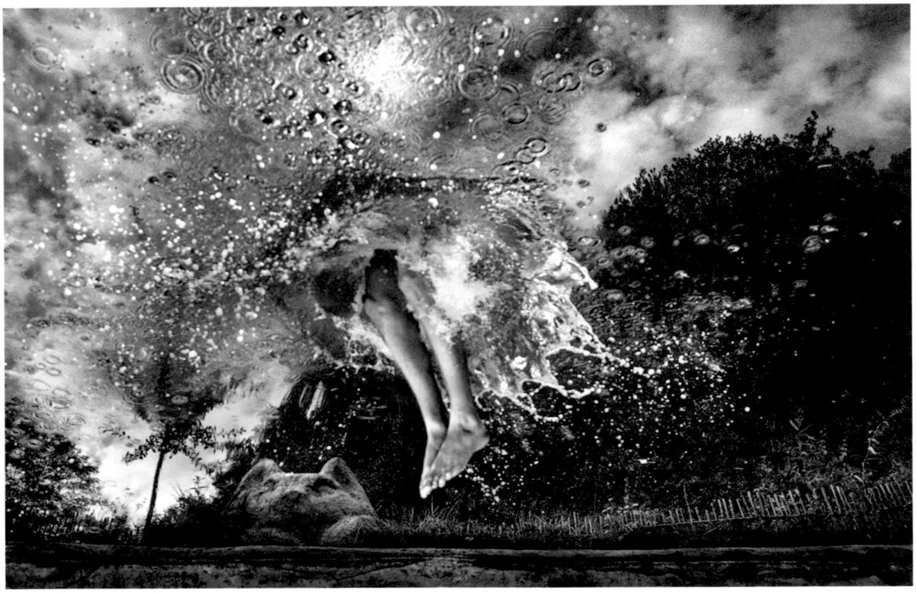

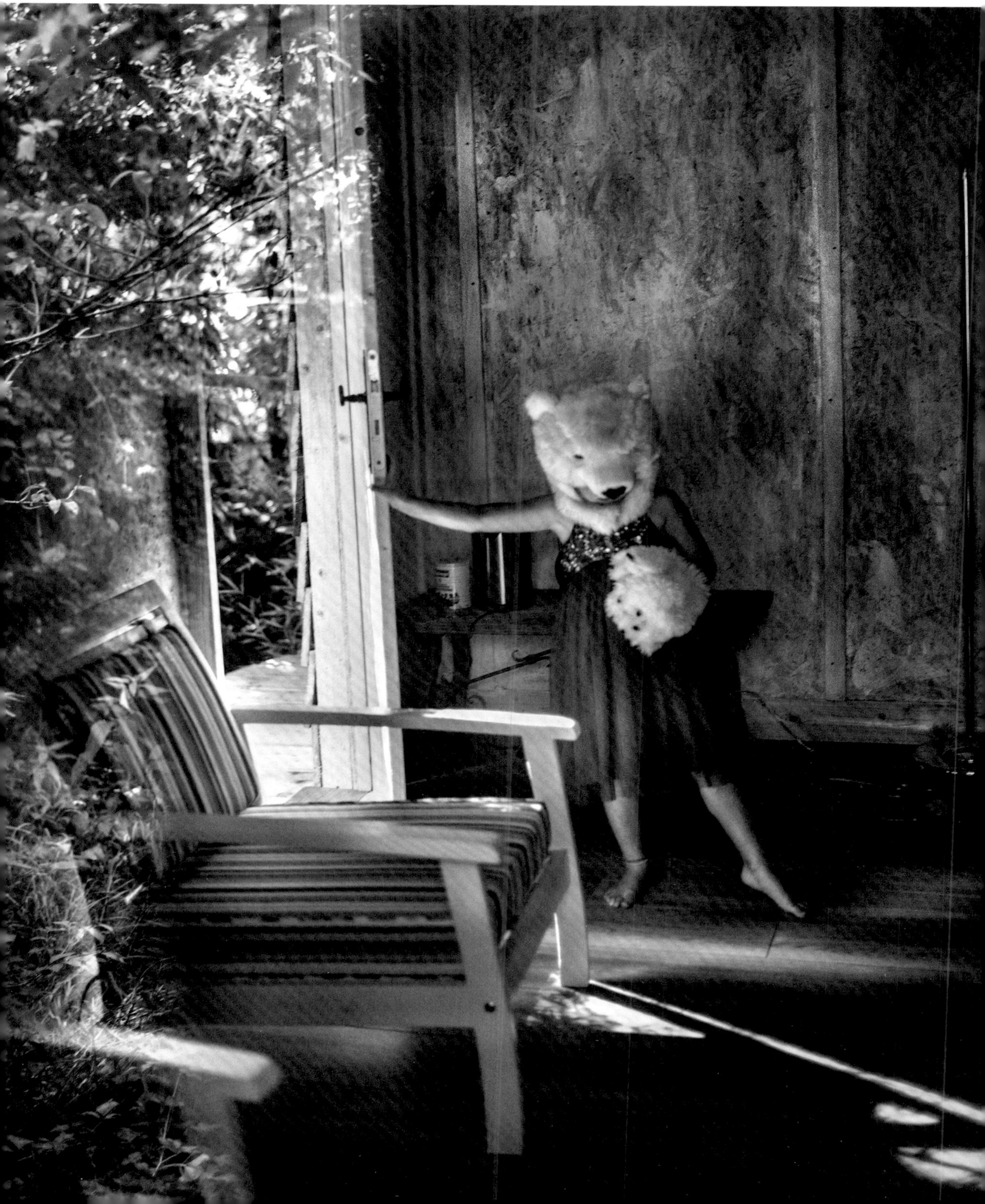

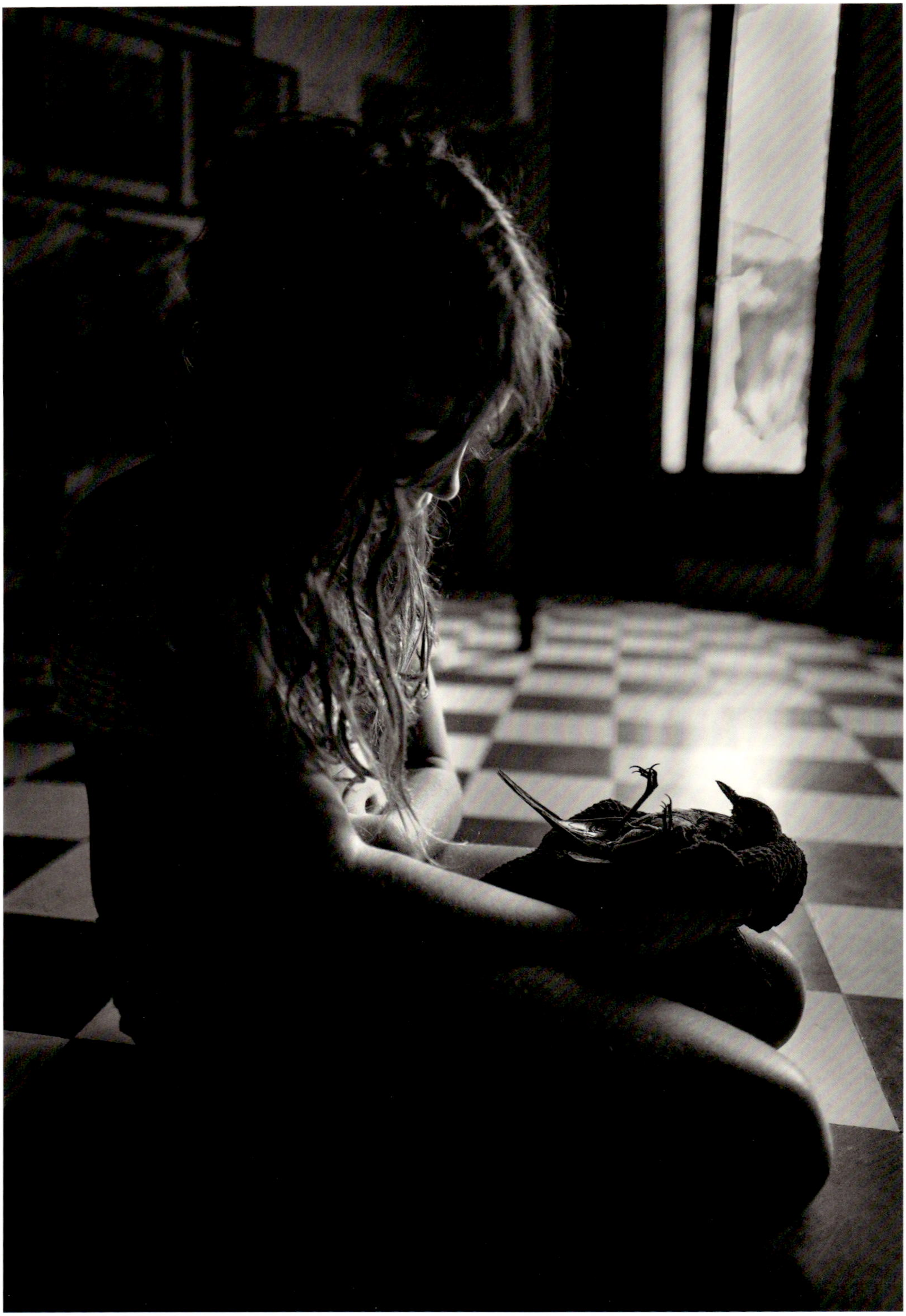

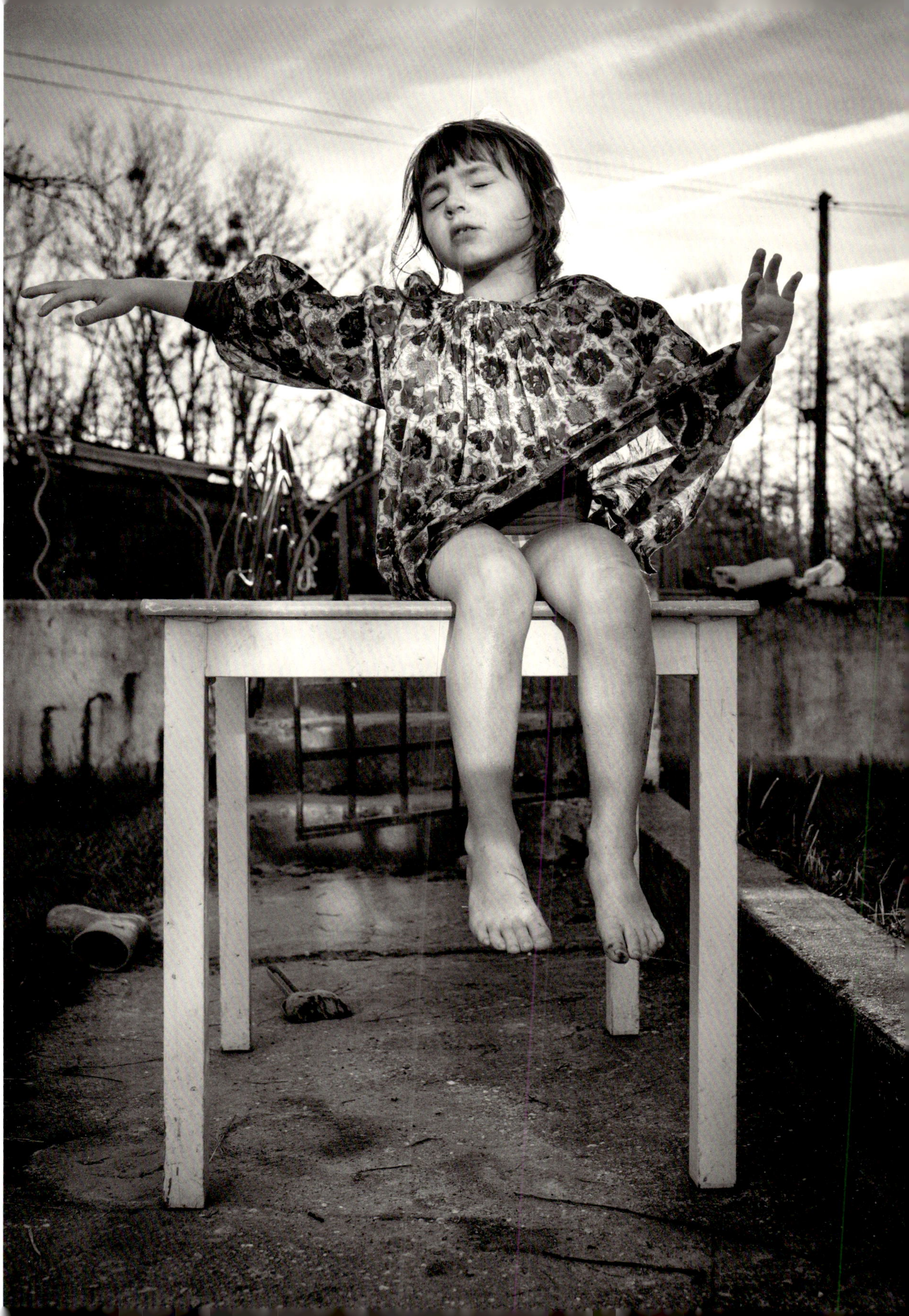

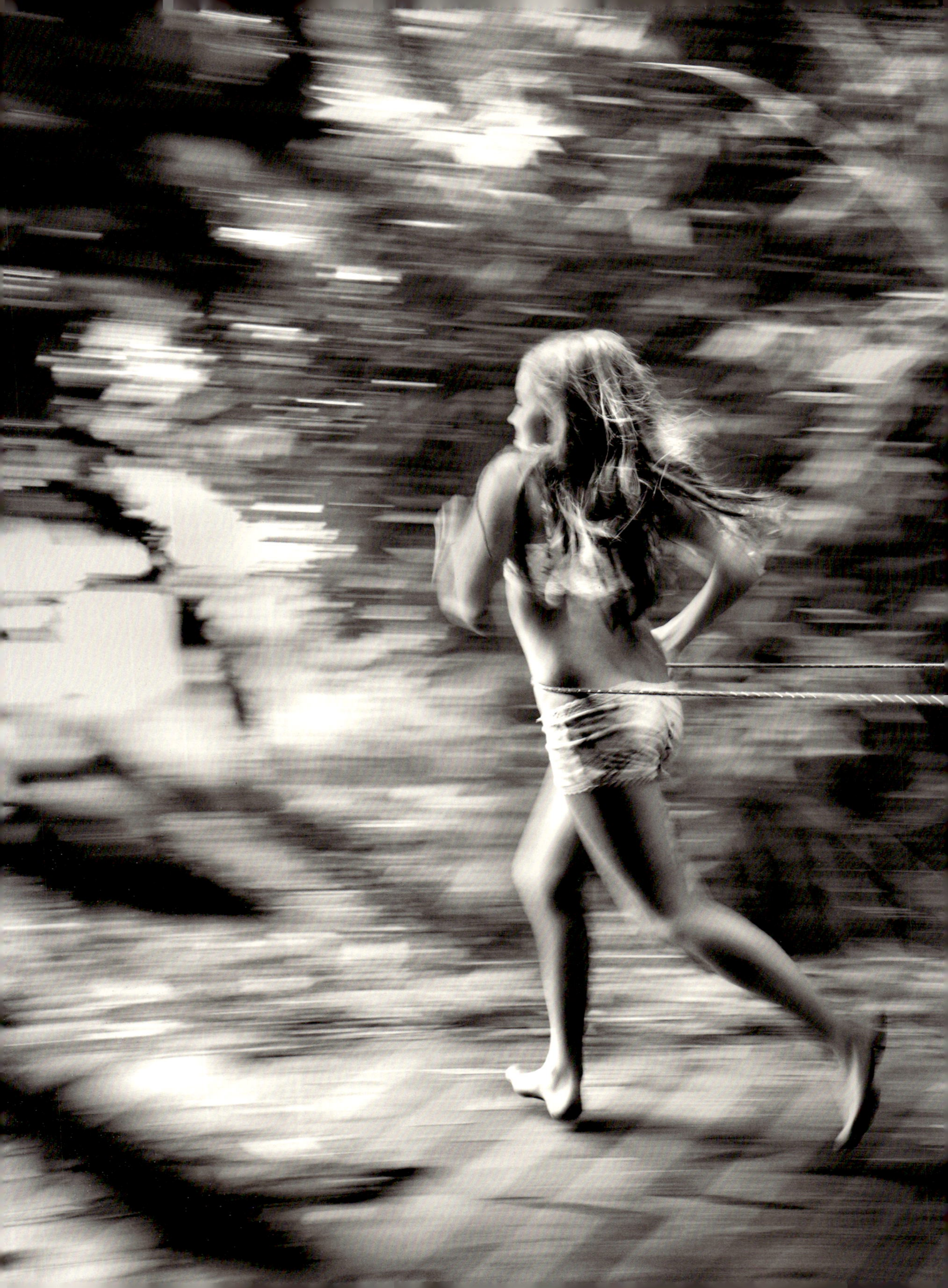

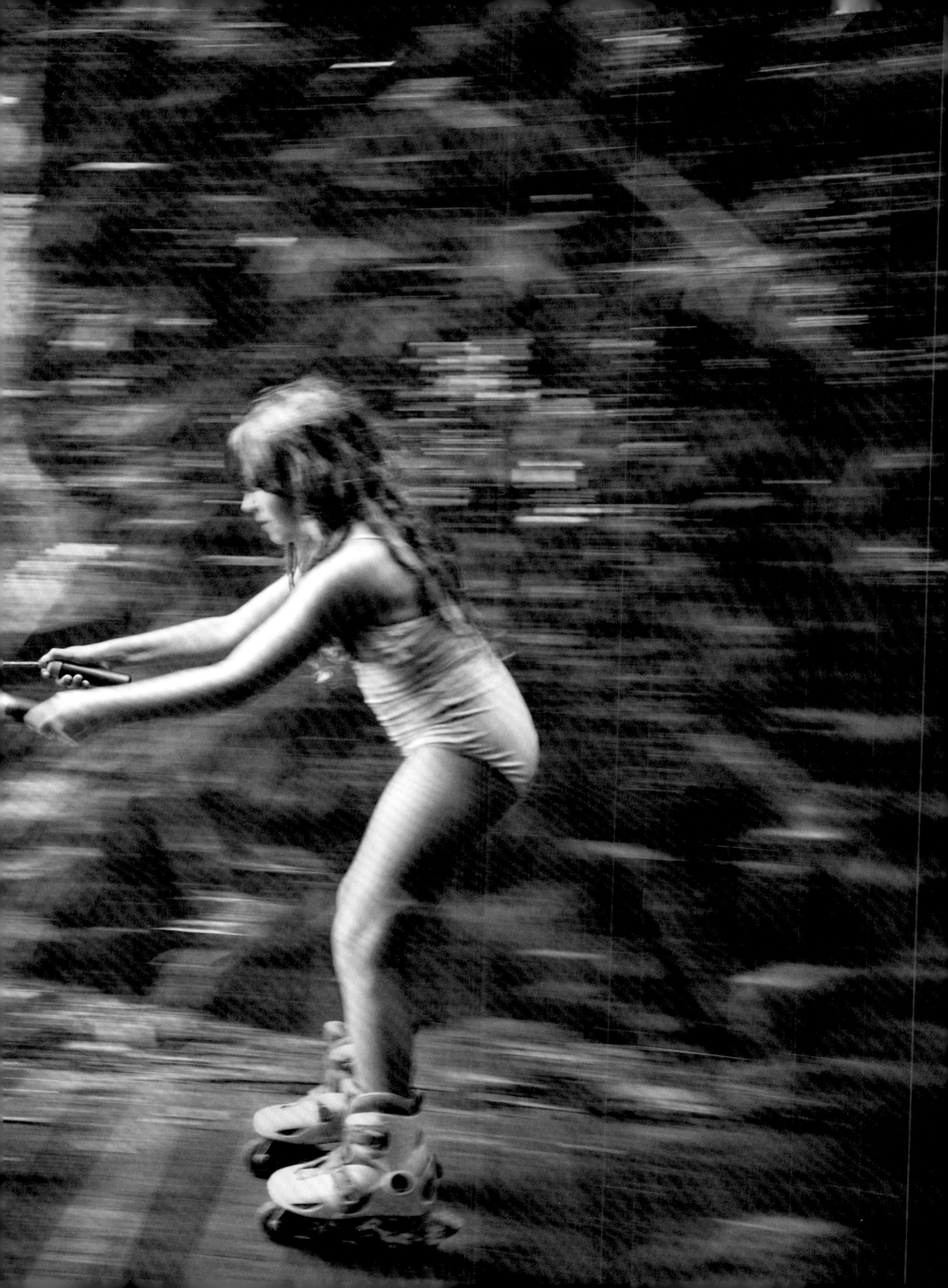

Nos enfants grandissent et quittent peu à peu le nid. Mais jamais bien longtemps. Tous sont animés par ce besoin de se retrouver entre eux, qui les fait revenir par vagues, encore et encore, sous le toit familial, tout à tour bouillonnant ou apaisé mais jamais totalement privé de leur présence juvénile. À la maison, chacun se sait aimé, respecté, exempté de tout jugement. C'est le simple bonheur d'être ensemble qui prime.
Ce lien familial fort, profondément ancré en chacun de mes enfants, c'est ce que ma photographie illustre et que je partage avec mon public.
Au sein de cette gigantesque communauté internationale qui suit fidèlement mon travail, pour certains depuis plus de dix années, se côtoient discrets anonymes, enthousiastes fans, collectionneurs, amis virtuels et bien réels. Mon parcours m'offre sans cesse de belles rencontres, des émotions inattendues. Il est aussi ponctués d'aspérité. À l'image de la vie.

Merci aux milliers d'internautes qui attendent quotidiennement le partage des instantanés de ma vie de famille. Merci à tous ceux qui se déplacent pour voir mes expositions, assister à mes master class et ajoutent mes images et mes livres à leur collection. Merci à Laurence Kiberlain pour sa contribution et à Mila qui a créé le lien. Merci à mon éditeur Klaus Kehrer et à Alexa Becker pour leur souplesse et leur patience. Merci aux bienveillants Xavier, Cécile et Jean-Baptiste, Sylvain et Christel, Manu et Carine et leurs familles. Une chaleureuse pensée pour Marie-Pierre Subtil, Victoria Scoffier, Patrick de Saint Exupéry, Laurent Beccaria. Merci de m'avoir ouvert les portes de 6Mois et des Arènes. Merci à l'inégalable Duncan Meeder pour sa si précieuse amitié. Merci aux galeries Leica qui accueillent régulièrement mon travail et tout particulièrement à Tom A. Smith pour sa confiance. Merci et « Champagne ! » à Pierre Bessard. Merci à Jamie Johnson pour son enthousiasme, à ma chère Françoise Callier, et à mon ami Claude Lemaire. Merci à Anne et mes six enfants qui m'entourent de leur amour et accompagnent chacun de mes actes, chacun de mes choix.

Our children are growing up and gradually leaving the nest. But never for long. All of them are driven by this need to be together, which brings them back under the family roof in waves, again and again, sometimes agitated, sometimes at peace, but never completely emptied of their youthfulness.
At home, each one knows they are loved, respected, exempted from any judgement. It is the simple happiness of being together that matters.
This strong sense of family, deeply anchored in each of my children, that's what my photos illustrate and what I share with my public.
Within this gigantic international community that faithfully follows my work — some for over ten years — mingle the discreet anonymous, enthusiastic fans, collectors, virtual and very real friends. My journey is constantly offering me beautiful encounters, unexpected emotions. It is also marked by rough patches. Just like life.

Thanks to the thousands of internet users who every day are waiting to share instants of my family life. Thanks to all of those who come to my exhibitions, attend my master class and add my images and my books to their collection. Thanks to Laurence Kiberlain for her contribution and to Mila who established the connection. Thanks to my publisher Klaus Kehrer and to Alexa Becker for their flexibility and patience. Thanks to the thoughtfulness of Xavier, Cécile and Jean-Baptiste, Sylvain and Christel, Manu and Carine and their families. Warm thoughts for Marie-Pierre Subtil, Victoria Scoffier, Patrick de Saint Exupéry, Laurent Beccaria. Thank you for opening the doors of 6Mois and Les Arènes. Thanks to the incomparable Duncan Meeder for his precious friendship. Thanks to the Leica galleries who regularly host my work and especially to Tom A. Smith for his confidence. Thanks and 'Champagne!' to Pierre Bessard. Thanks to Jamie Johnson for his enthusiasm, to my dear Françoise Callier, and my friend Claude Lemaire. Thanks to Anne and my six children, who surround me with their love and accompany each of my actions, each of my choices.

Sculpteur de formation, Alain Laboile vit et travaille dans la région de Bordeaux entouré de sa femme et de ses six enfants. En 2004, la photographie entre accidentellement dans la vie de l'artiste qui s'équipe d'un appareil photo pour illustrer son travail de sculpteur et s'initie à la photographie par passion pour l'entomologie. À partir de 2006, le quotidien de sa famille nombreuse devient le sujet principal de ses photographies.Sous l'œil bienveillant de leur père, des enfants s'activent dans la maison familiale et sa campagne environnante. Alain Laboile enregistre avec poésie les moments de jeux spontanés et de complicité d'une jeunesse insouciante. Chaque tirage souligne l'harmonie des corps des enfants avec la nature. Véritable source d'inspiration, la nature devient un immense terrain de jeux propice à toutes les explorations possibles au contact de l'eau, des arbres, de la terre et des animaux. Un bestiaire que l'on retrouve notamment dans les sculptures en métal, ainsi que dans les planches d'insectes gravées à l'eau-forte de l'artiste. Le choix du noir et blanc donne une intemporalité aux images prises sur le vif, sans aucune mise en scène. Ses photographies sont rapidement remarquées sur internet et les réseaux sociaux, point de départ d'un véritable engouement international avec une mise à l'honneur du *New York Times*. Les photographies d'Alain Laboile donnent à voir le bonheur d'une famille dont le mode de vie, loin des contraintes de notre société actuelle, est entièrement tourné vers la nature.

Un album de famille dans lequel l'artiste immortalise les moments précieux du quotidien et qu'il nous invite à découvrir.

Le travail d'Alain Laboile a fait l'objet de nombreuses expositions internationales et publications.

Trained as a sculptor, Alain Laboile lives and works in the Bordeaux region, surrounded by his wife and six children. In 2004, photography accidentally came into the artist's life when he acquired a camera to illustrate his work as a sculptor and then started seriously taking photos thanks to his passion for entomology. As of 2006, the everyday life of his large family has been the main subject of his photographs.
Under their father's loving eye, the children keep busy in the family home and surrounding countryside. Alain Laboile poetically records the moments of spontaneous play and the complicity of carefree youth. Each print highlights the harmony of the children's bodies with nature. A veritable source of inspiration, nature becomes an immense playground suitable for every sort of exploration possible in contact with water, trees, the earth and animals. A bestiary that can be seen in the artist's metal sculptures, as well as in his etched insect plates. The choice of black and white gives a timelessness to images taken on the spot, without any posing. His photographs were quickly noticed on the internet and social networks, the starting point for an international fascination crowned by an article in the *New York Times*. Alain Laboile's photos display the happiness of a family whose way of life, far from the constraints of our current society, is completely turned towards nature.
It is a family album in which the artist immortalises precious everyday moments, which he invites us to share.
Alain Laboile's work has been the object of numerous international exhibitions and publications.

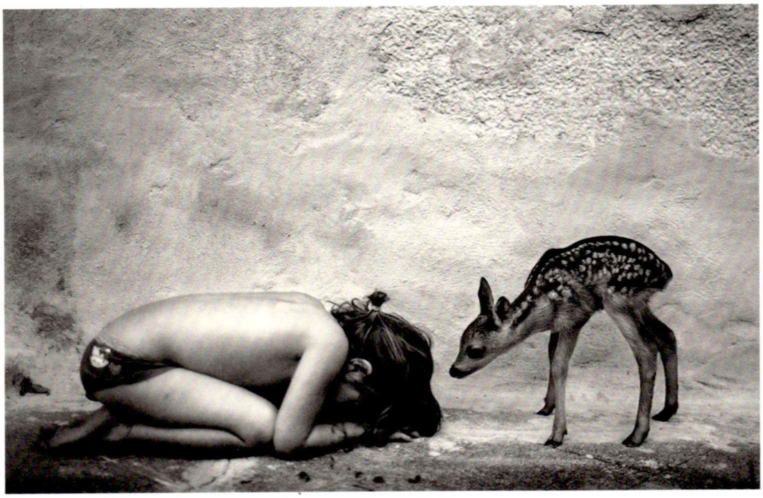

Text Texte Laurence Kiberlain
Translation Traduction Alexandra Cox, Christine Schultz-Touge
Copy-editing Suivi éditorial Martine Passelaigue, Anna E. Wilkens

Graphic design Conception graphique Kehrer Design (Anja Aronska)
Typeface Caractère typographique Faune (Alice Savoie)
Image processing Traitement des images Kehrer Design (René Henoch, Erik Clewe)
Production Production Kehrer Design (Sylvia Ballhause, Katharina Stumpf)

Printed and bound in Germany
ISBN 978-3-86828-895-7

Kehrer Heidelberg Berlin
www.kehrerverlag.com